我
们
一
起
解
决
问
题

AI全域营销

打造持续盈利的增长引擎

王静　洪海江　著

人民邮电出版社

北　京

图书在版编目（CIP）数据

AI 全域营销：打造持续盈利的增长引擎 / 王静，洪海江著 . — 北京 : 人民邮电出版社，2025. — ISBN 978-7-115-67494-4

Ⅰ . F713.3-39

中国国家版本馆 CIP 数据核字第 20255YF352 号

内 容 提 要

在人工智能（Artificial Intelligence，AI）技术重塑商业生态的今天，如何打造爆款产品、实现精准营销、构建用户增长体系？本书围绕 AI 全域营销，系统地介绍了智能时代的商业方法论。

全书共 6 章。第 1 章聚焦如何利用 AI 技术洞察用户需求、设计高价值产品并验证市场潜力，从用户画像、需求挖掘到产品生命周期管理，提供了一套完整的爆品打造方法论。第 2 章探讨了如何在红海市场中寻找新机会，借助 AI 算法和数据驱动决策实现差异化竞争。第 3 章解析了如何利用 AI 进行精准用户分层，并构建多维度产品使用场景，增强品牌渗透力。第 4 章系统讲解了如何搭建品牌自媒体矩阵、KOL 合作体系和用户裂变体系，实现多渠道精准触达。第 5 章分析了不同电商渠道的运营策略，介绍了高转化营销漏斗的设计方法，并针对不同平台优化销售素材，提升用户购买决策效率。第 6 章深入探讨了私域运营的核心策略，设计用户从新客到忠实粉丝的成长路径，并通过微信、抖音、小红书等平台实现裂变传播，持续放大品牌影响力。总之，本书提供了一套完整的 AI 全域营销体系，能够为希望在智能时代实现突破的企业和个人提供指导。

本书适合企业管理者、产品经理、营销从业者、创业者、品牌负责人及对 AI 商业应用感兴趣的读者阅读。

◆ 著　王　静　洪海江
责任编辑　张国才
责任印制　彭志环

◆ 人民邮电出版社出版发行　　北京市丰台区成寿寺路 11 号
邮编 100164　电子邮件 315@ptpress.com.cn
网址 https://www.ptpress.com.cn
北京盛通印刷股份有限公司印刷

◆ 开本：880×1230　1/32
印张：8.75　　　　　　　　　2025 年 6 月第 1 版
字数：180 千字　　　　　　　2025 年 10 月北京第 3 次印刷

定　价：69.80 元

读者服务热线：（010）81055656　印装质量热线：（010）81055316
反盗版热线：（010）81055315

前言

倍增系统，告别营销孤岛

如果你问一个品牌创始人营销工作中最大的痛点是什么，你可能会得到各种各样的回答。

"投广告像打水漂，钱花了，连个响都听不见！"

"用户刷着短视频哈哈笑，但就是记不住我的产品！"

"直播间人气爆棚，可一算 ROI（投入产出比），还不如去摆地摊！"

这些抱怨背后隐藏着一个残酷的真相：大多数品牌的营销动作正在陷入"孤岛困境"。今天追热点、搞联名，明天砸钱投信息流，后天找主播吆喝带货……看似热闹非凡，实则像一群无头苍蝇在玻璃瓶里乱撞——每个动作都在消耗资源，却始终无法突破增长的天花板。

我曾见证过一个典型案例。某新消费品牌在一年内换了 3 个广告公司，尝试了 7 种营销方法，花掉了 800 万元的预算，结果年终盘点时发现 70% 的用户只买过一次产品，复购率比街边奶茶店还低。创始人苦笑着说："我们不是在营销，是在给平台和网红打工。"

这样的故事绝非偶然。当流量红利消退、用户注意力碎片化、竞争进入"贴身肉搏"阶段时，传统的单点爆破式营销正在失效。品牌需要的不是更多花哨的招式，而是一套能把所有资源串联成增长飞轮的系统性解决方案。

这就是我写下本书的初衷——用我们团队在实战中反复验证有效的 AISPL 全域营销模型，帮助品牌从"流量乞丐"进化成"用户磁铁"，打造持续盈利的增长引擎。

1. 道法自然：营销的底层规律

（1）营销中的中医与西医：长期主义与立竿见影

西医擅长"急救"——高剂量抗生素退烧，手术刀切除病灶，对应到营销中就是直播秒杀、促销裂变、信息流轰炸。这些方法能快速拉高 GMV（成交总额），但副作用同样明显——用户像被强光吸引的飞蛾，热度一过便四散逃离。

中医讲究"调理"——疏通经络，培元固本，如同品牌需要构建用户认知、情感共鸣、价值认同。有一个母婴品牌坚持 3 年做"1000 天育儿知识科普"，不搞低价促销，反而在客单价 300 元以上的细分市场做到复购率 45%。创始人说："用户不是不想花钱，是不想为'割韭菜'的套路买单。"

营销的真谛在于平衡"西医的速效"与"中医的治本"。

（2）营销的本质：流量池的生存法则

如果把用户比作水，品牌需要以下 3 种"蓄水能力"。

- 接住天上雨（公域流量）：在抖音、小红书等内容平台精准捕获目标用户。
- 挖通地下河（私域流量）：通过会员体系、社群运营沉淀忠实用户。
- 修建循环渠（用户生态）：让老用户带来新用户，形成裂变闭环。

某国产护肤品牌曾陷入"流量越买越贵"的困境。后来，他们做对了一件事：把直播间观众引导到企业微信，每天提供护肤知识及产品搭配建议，3 个月后，私域用户的客单价是公域用户的 2.3 倍，推广成本下降 60%。

由此可见，流量池的本质是让用户从"流经"变为"停留"，最终"常住"。

（3）市场没有红海，只有老地图

总有人说"行业太卷"，但换个视角看：当所有人挤在"9 块 9 包邮"的独木桥上时，某小众香薰品牌用"气味情绪疗愈"概念把客单价做到 600 元仍供不应求；当茶饮店扎堆推水果茶时，某区域品牌专注"中式药膳奶茶"，实现单店月营收突破百万元；当美妆行业狂卷成分时，有个新品牌把产品说明书做成"爱情解忧信"，让用户为故事买单。

由此可见，红海市场的破局点永远藏在"用户未被满足的隐性需求"里。

2. 痛点：营销失灵的终极真相

（1）广告无效？你打的不是广告，而是空气

有一部分品牌主认为：只要曝光量足够，就能达成销售；只要代言人请得好，广告拍得好，广告投放好，就能带来销售。这是典型的传统广告思维。在网络媒体空前发达的今天，用户的购物链路发生了根本性的变化，传统广告的效力自然就下降了。

例如，某食品品牌曾花 200 万元拍电视广告，画面精美、明星加持，但投放后销量几乎零增长。调研发现，用户只记住了明星跳舞，却不知道品牌卖什么。

在注意力稀缺的时代，广告必须完成 3 个"瞬间击穿"。

- 0.5 秒吸引注意（如包装设计、视觉符号）。
- 3 秒说清"关我什么事"（如"熬夜妈妈必备"）。
- 15 秒激发行动（如"扫码领取育儿指南"）。

（2）流量贵、转化低？用户不是不买，而是不信

流量成本越来越高，多数媒体都不支持按照效果付费的模式，其核心问题是流量来了接不住，通俗地讲就是转化率低。转化率低的原因有很多，其中最关键的一条是用户不相信，没有建立用户的信任感。

例如，某智能家居品牌在直播间卖煮蛋器，反复强调"德

国技术""终身保修",但转化率始终低于2%,主要原因就是没有赢得用户的信任。用户要的不是技术和保修,而是能给自己解决问题,以及怎么让他相信你确实能解决这个问题。后来,商家调整策略,让工程师出镜演示"如何煮出五星级酒店同款温泉蛋",转化率飙升至11%。

(3)营销数据很好看,财务报表很难看

卖掉不是目的,赚钱才是目的。卖得更多,赚得更多,才是商家的终极目标。有一些商家通过爆款来导流,销量非常好看,动辄上百万单。然而,从财务角度来看,卖掉了多少单不是关键,能有盈利才是关键。

例如,我们正在接触一个天然沉香品牌,跟某网红"大V"合作直播带货,连续3个晚上爆单,每天200万元的成交额,总成交额达到600多万元,销售的是9.9元的导流款。刨掉生产成本、包装成本、物流成本、投流成本、网红提成,最终发现非但没有赚钱,还要亏钱,卖得越多,亏得越多。

3. AISPL 模型:打通营销任督二脉

这套模型不是理论推导的产物,而是从300多个品牌实战中提炼的"生存指南"。它总结了全媒体营销环境中用户购买的完整闭环,包括注意(Attention)、兴趣(Interest)、搜索(Search)、购买(Purchase)、链接(Link)5个环节。这5个环节环环相扣,涵盖了用户的全生命周期和消费决策的全要素。根据这个模型搭建符合营销消费行为规律的营销体系,等于为商家打造了一个持续盈利的增长引擎。

（1）注意（Attention）：从"噪声"到"信号"

品牌营销的第一步就是要击穿用户的"注意力金钟罩"。全媒体时代，用户每天接触的信息是海量的，接触信息的平台是分散的，关注的内容是个性化的。在以往的成功实践中，我们采用"兴趣＋内容"的方式打破用户的注意力封锁。

例如，某平价服饰品牌放弃明星代言，采用反常识的定位策略，把广告语改成"穿得像年薪 50 万"，抖音播放量破亿。

核心策略：用冲突感切割注意力（如"怕上火＝喝王老吉"）。

（2）兴趣（Interest）：从"围观"到"停留"

能吸引用户注意只是第一步，如果用户只是一划而过，不停留，也没有用。最好的触达是直接链接用户的兴趣，运用各大平台的算法机制精准推送到目标人群，从而达到"停留＋关注"的效果。

例如，某母婴品牌直播间不卖货，专教"爸爸如何独立带娃"，停留时长提升 3 倍。

核心策略：先解决用户问题，再推荐产品（知识营销＞硬广）。

（3）搜索（Search）：从"被动接收"到"主动探索"

对于移动互联网时代的用户而言，逛和买是分离的。在逛和买之间，用户会有两个动作，一个是搜索，另一个是学习，通过搜索获取更多的产品信息，通过学习产品的相关知识帮助自己决策。例如，传统电商中的评价，以及小红书、B站（即哔哩哔哩）、知乎等平台的测评、"避坑"指南等，这些信息都会帮助用户决策，直接影响用户的购买决策。因此，品牌必须建立完整的信息体系，形成一致的、正向的、权威的、可信的话语体系，在内容形态上包括品牌生成内容（Brand Generated Content，BGC）、职业生成内容（Occupationally Generated Content，OGC）和用户生成内容（User Generated Content，UGC）。其中，本书讲到的OGC也就是达人或关键意见领袖（Key Opinion Leader，KOL）生产的内容。

核心策略：预设用户的搜索关键词，并提供相应的"被看见"的高质量内容。

（4）购买（Purchase）：从"交易"到"交付"

让流量转化成实际购买，其中有一个不可缺少的重要环节，就是下单。下单环节要让用户无感，让用户更便利，让用户随时随地在任意平台上都能有效下单。传统电商、抖音电商、视频号小店、拼多多、私域商城无处不在，无孔不入。同时，还要强化用户的消费体验，完成从"交易"到"交付"的转变。

核心策略：根据用户的下单习惯在对应的平台开设店铺，形成成交矩阵。

（5）链接（Link）：从"顾客"到"盟友"

用户的购买行为是用钱给品牌投票，这份信任难能可贵。关注用户体验，把尝试用户变成购买用户，把购买用户变成复购用户，把复购用户变成长期忠实用户，把长期忠实用户变成"野生业务员"帮助品牌分享、推广，这才是私域运营的意义。

核心策略：给用户提供持续价值，让用户参与品牌共创。

4. 阅读本书的理由

为什么这本书值得你花时间阅读？因为它具有以下特点。

- 实战案例：既有作者实操的案例拆解，也有丰富的知名品牌案例分析，涵盖音箱、食品、美妆、家居、互联网等行业。结合案例讲策略、讲做法，实战指导性强。
- 即学即用：全书结合具体的实战环节提供了工具表单，让读者能即学即用。
- AI赋能：本书的每个章节都引入了AI实战工具或应用案例，为企业营销提供赋能指引。

本书从6个全域营销业绩改进的环节为你的企业打造一个持续盈利的增长引擎，包括产品诊断、赛道选择、品牌架构、传播矩阵、成交矩阵和私域裂变。6个环节，环环相扣，通过系统性诊断和优化，必然会帮助企业实现业绩倍增的效果。

目录

第1章 AI爆品思维：打造无可替代的产品

第 2 章　换道超车：另辟蹊径的 AI 生成式营销实战技巧

第 3 章　全维场景：品牌语系的 AI 模型

第4章 矩阵触达：内容＋流量＋口碑，打造真正的营销三位一体

第 5 章　从流量到销量：借助 AI 打造全维度成交矩阵

第 6 章　裂变体系运营：让用户变成品牌的"自来水"

第 1 章

AI 爆品思维：
打造无可替代的产品

在当今竞争异常激烈的市场环境中，爆品思维的重要性愈发凸显。它所强调的是精心打造出无可替代的产品。这种独特的思维模式坚定地认为，无论市场如何风云变幻、波谲云诡，只有那些能够为用户提供独特价值及卓越体验的产品，才能够在用户那极为挑剔的心中稳稳地占据一席之地。

在营销领域，长久以来流传着一句被反复验证且奉为圭臬的话："产品是 1，其他都是 0。没有前面的 1，再多的 0 也毫无意义。"这句话看似简单直白，但深入复杂多变的现实商业世界中，我们就会发现其中蕴含着深刻的道理。无数品牌在残酷的商业战场上用真金白银换来的惨痛教训，一次次地验证了它的正确性。

案例 1：明星代言为何失效

曾经有一个新消费品牌怀揣着巨大的野心和期望，不惜斥巨资签约顶流明星进行代言。一时间，广告宣传铺天盖地，无论是电视、网络还是街头巷尾，都能看到该品牌的广告身影。那精美的画面、诱人的宣传语确实吸引了众多消费者的目光，让他们产生了强烈的购买欲望。然而，最终的用户复购率却低得令人瞠目结舌，仅为 5%。这个结果无疑给品牌带来了沉重的打击。

经过深入调研后发现，用户反馈出奇地一致："产品用起来和广告中宣传的差得太远！"原来，产品存在诸多严重的问题。包装漏液的情况时有发生，让用户在打开产品时就感到失望和困扰；质地黏腻，使用起来不仅不舒服，还给人一种廉价的感觉；香味刺鼻，更是让用户难以忍受。存在的这些问题使原本被广告吸引而来的用户大失所望。最终，这个品牌被用户毫不留情地贴上了"智商税"的标签，只能黯然退场，留下满地的遗憾和教训。

案例 2：一个枕头如何逆袭

另一个极具代表性的案例是某初创品牌推出的猫肚皮枕。这个品牌在创立之初没有借助任何明星代言来提升知名度，也没有进行大规模的广告宣传。然而，它仅依靠用户的口碑传播，在一年内就奇迹般地冲上了天猫类目第一名的宝座。用户被这款枕头的独特设计和舒适体验所折服，自发地拍摄"开箱测评"视频，分享自己的使用感受，甚至在社交媒体上玩起了有趣的梗："睡过猫肚皮枕，其他枕头都是将就。"这些真实而生动的用户反馈如同一股强大的力量，推动着这个品牌迅速崛起。

这 2 个案例深刻而残酷地揭示了一个现实：用户可能会因为营销的一时冲动而下单购买，但他们绝不会为一个糟糕的产品第二次买单。营销可以吸引用户的注意，让他们迈出尝试的第一步，但只有产品本身的质量和特性才能真正留住用户的心。真正的好产品自带传播力，它不只是一件简单的产品，更是用户生活方式的"代言人"。优秀的产品能够与用户产生深深的情感共鸣，成为他们生活中不可或缺的一部分，从而在竞争激烈的市场中脱颖而出，赢得属于自己的一片天地。

1.1 需求挖掘：精准用户画像，找对目标市场

1.1.1 用户画像：你是否真正了解自己的用户

在当今竞争异常激烈的市场环境中，每一个品牌都在努力探寻自己的立足之地，试图在众多竞争对手中脱颖而出。而在这个过程中，了解你的用户已经成为一项至关重要的任务。它就像航海中的指南针指引着品牌前进的方向，又似战场上的情报决定着战略的制定和战术的实施。

然而，令人遗憾的是，许多品牌在构建用户画像时常常不自觉地陷入一个误区。他们往往将用户画像简单地等同于一些基本的标签，如"25 ~ 35 岁的女性""月收入在 1 万元以上的人群"。这种看似简单、直接的操作方式，在表面上似乎能够覆盖到广泛的用户群体，给人一种已经对用户了如指掌的错觉。然而，实际上却存在诸多漏洞。就如同用渔网捞鱼一般，虽然乍一看好像能够捕获很多鱼，但仔细一看，就会发现很多小鱼能从网眼中巧妙

地逃脱。这是因为只依靠这些简单的标签，无法真正深入地了解用户的内在需求、行为习惯及心理动机等关键信息。所以，我们迫切需要更精准的用户画像帮助找到真正的目标市场，从而实现品牌的精准营销和持续发展。

实战工具：三维用户画像模型

（1）基础属性（Who）

基础属性是用户画像中最直观的部分，它就像一个人的外在名片，清晰地展示着用户的基本特征。这些信息涵盖了年龄、性别、地域和职业等多个方面。通过对这些基础属性的分析和整理，我们可以初步描绘出用户的外在轮廓，为进一步深入了解用户奠定基础。

例如，猫肚皮枕的核心用户群体可以被详细地描述为"生活在一二线城市的 25 ~ 35 岁女性，她们长期处于快节奏的工作状态，经常需要长时间坐在办公桌前，导致颈椎处于亚健康状态，月收入在 8000 ~ 15000 元"。这样的描述不仅罗列了一些基本信息，而且通过对这些信息的深入挖掘和分析，让我们对目标用户有了更清晰、具体的认识。我们可以想象出这样一位女性，她在繁华的一二线城市努力打拼，为了生活和事业不断奋斗，同时也因为工作的繁忙而面临着颈椎健康的问题。她对生活品质有一定的追求，愿意尝试一些能够帮助自己缓解疲劳的产品，猫肚皮枕正好满足了她的这个需求。

（2）行为轨迹（How）

了解用户的行为轨迹，就像探索一个人的生活足迹，可以帮助我们洞察用户的生活习惯和消费偏好。其中包括购物习惯、社交媒体行为等诸多方面。通过对这些行为轨迹的分析，我们能够更加准确地把握用户的消费心理和行为模式，从而有针对性地制定营销策略。

例如，某母婴品牌通过先进的数据分析技术发现，其目标用户在凌晨 2：00 的活跃度最高。经过深入调查后发现，这通常是因为她们需要在这个时间喂奶。了解到这个信息后，该品牌果断地调整了客服的值班时间，确保在这个时间段内有足够的客服人员为用户提供及时、专业的服务。结果令人惊喜，品牌的转化率提升了 20%。这个案例充分说明了了解用户行为轨迹的重要性。通过关注用户在不同时间段的行为表现，我们可以发现用户的需求和痛点，进而优化产品和服务，提高用户的满意度和忠诚度。

（3）心理动机（Why）

心理动机是用户画像中最复杂和深入的部分，它涉及用户的焦虑点、渴望点及价值观等多个层面。这部分内容就像隐藏在冰山之下的巨大部分，虽然不容易被察觉，但对用户的行为和决策产生着深远的影响。

例如，某护肤品牌通过深入的用户访谈发现，对于"敏感肌"用户来说，她们最真实的焦虑并不是皮肤问题本身，而是害怕在同事面前因为素颜而受到议论。这种心理动机反映了现代社会中人们对外貌的重视，以及对他人评价的在意。了解这一点后，品牌可以更精准地定位其产品和营销策略。例如，在产品研发方面，可以更加注重产品的遮瑕效果和安全性，以满足用户在面对同事时的自信需求；在营销宣传方面，可以突出产品能够帮助用户解决在社交场合的困扰，从而引起用户的共鸣和购买欲望。

"避坑"指南

（1）不要依赖二手数据（如行业报告），必须直面用户，直接与用户交流，获取第一手资料。

在构建用户画像的过程中，我们可以通过问卷调查、用户访谈、焦点小组等方式收集用户的真实想法和感受。只有获取第一手资料，我们才能真正了解用户的需求和痛点，构建更加精准的用户画像。

（2）每周至少深度访谈 3 个用户：通过定期的深度访谈，可以持续更新和细化用户画像。

用户的需求和偏好是不断变化的，我们的用户画像也需要不断地更新和完善。为了做到这一点，我们需要定期与用户进行深度访谈。每周至少深度访谈 3 个用户，这样我们可以及时了解用户的最新情况和变化。

（3）潜伏用户社群，记录高频讨论话题：了解用户在社群中的互动，可以发现他们的真实需求和兴趣点。

随着社交媒体的发展，用户社群已经成了用户交流和互动的重要平台。在这些社群中，用户可以自由地表达自己的想法和观点，分享自己的生活经验和使用心得。因此，我们可以潜伏在用户社群中，观察用户的互动情况，记录高频讨论的话题。通过对这些话题的分析，我们可以了解用户的真实需求和兴趣点，从而为自己的用户画像提供更加丰富的素材。

（4）分析电商评论区差评：差评往往能更真实地反映产品存在的问题，从而帮助我们改进产品和服务。

在电商平台上，用户的评论是我们了解产品和服务质量的重要窗口。很多人可能会认为好评更能反映产品的优势和受欢迎程度，但实际上，差评往往比好评更真实。好评可能是由于用户对产品的期望得到了满足，或者是出于礼貌而给出的；而差评则通常是用户在使用产品的过程中遇到了问题或者不满意的地方，这些问题往往是客观存在的。因此，我们要重视电商评论区的差评，认真分析用户提出的问题和建议，找出产品和服务存在的不足之处，并及时改进和优化。

Ai 时刻

工具推荐：DeepSeek、豆包、Kimi、讯飞星火大模型。

应用方式：对话。

提示词：

你是一位……领域的营销专家，对……的市场非常熟悉，请帮助分析一下……产品的用户画像，要求包括年龄、性别、地域和职业等基础信息，包括购物习惯、社交媒体行为信息，以及用户的焦虑点、渴望点及价值观等动机信息。采用简单的语言，避免晦涩的专业术语。

1.1.2　用户需求的冰山模型：显性需求与隐性需求的对比分析

在当今复杂多变的消费市场环境中，用户需求宛如一座神秘而巨大的冰山，悄然隐藏在深海的幽秘之处。我们平时所能看到的只是冰山露出水面的小小一角，而这一角之下所潜藏的巨大内涵往往远超我们的想象。当用户看似随意地提出"想要更轻的行李箱"这样一个简单的诉求时，其背后所蕴含的意义远非表面所呈现出来的那种浅显和单纯。

从显性需求的角度仔细审视，用户十分明确且清晰地表现出了对"轻便"这个特性的执着追求。在他们日常的生活场景中，无论是出行旅游还是商务差旅，携带行李都是必不可少的环节。而在这个过程中，沉重的行李往往会给他们的身体带来不小的负担，行动也会因此变得迟缓和不便。所以，他们内心深切地期望在携带行李的途中能够尽可能地减轻身体上所承受的重量，让自己的身体能够更加轻松自在地行动，仿佛摆脱了一层无形的束缚，从而能够更加从容地应对旅途中的各种情况。

然而，如果我们仅满足于表面观察的需求，而不进一步深入探究的话，就很容易忽略掉那些隐藏在深处的隐性需求。实际上，这些隐性需求往往涉及更深层次、更复杂的考虑因素。例如，在某些特定的用户群体中，有一部分用户其实是"不想在机场显得狼狈"。当他们身处熙熙攘攘的机场时，周围人来人往，目光交汇之间，他们都希望能够展现出自己最优雅得体的形象。他们深知，沉重的行李很可能会让自己手忙脚乱，在整理行李的过程中衣衫不整，那种狼狈的模样与他们心中所期望的形象相去甚远。又比如，还有一部分用户是"希望证明自己活得精致"。对于他们而言，轻便的行李箱绝不只是一个简单地用来装东西的实用工具，它更像一种生活态度的鲜明象征。这个行李箱承载着他们对高品质生活的不懈追求，以及对生活中每一个细节的高度重视。这种需求的冰山模型通过生动而形象的方式深刻地揭示了在用户表面需求之下，其实潜藏着许多不为人知的潜在动机和丰富的情感诉求。这就提醒我们，在关注用户的表面需求时绝不能浮于表面，而是要更加用心地深入挖掘其背后的深层原因。只有这样，我们才能真正理解用户的需求，从而为他们提供更贴心、更优质的服务。

需求挖掘的三大层级，如表 1-1 所示。

表 1-1　需求挖掘的三大层级

层级	表现	案例
显性需求	用户能够明确表达的需求	枕头要护颈
隐性需求	用户未意识到的痛点或需求	睡前孤独感需要治愈
颠覆性需求	用户自己都未曾想到的需求	枕头能否变成办公室午睡"神器"

　　显性需求是用户能够明确表达的需求，如"枕头要护颈"。当用户怀揣着购买枕头的想法走进市场或者浏览线上购物平台时，他们会毫不犹豫地直接表明自己希望枕头具备护颈的功能。这并非毫无缘由，而是因为他们在日常生活中已经实实在在地感受到了颈部的不适。也许是长时间低头工作导致的颈椎劳损，也许是睡眠姿势不当引发的颈部酸痛，这些切身的体验让他们对自身的颈椎健康格外关注。所以，基于这种身体上的真实感受，他们能够清晰而准确地说出自己的需求，目标明确地寻找一款能够满足护颈功能的枕头。

　　隐性需求是用户未意识到的痛点或需求，如"睡前孤独感需要治愈"。在现代社会的快节奏生活下，夜晚本应是人们放松身心、享受宁静的时刻。然而，很多人却在入睡前陷入了一种难以言说的孤独感之中。这种孤独感并非偶然出现，而是源于现代生活的诸多方面。一方面，快节奏的生活使人们的大部分时间都被工作和各种事务填满，真正留给自己与他人深入交流的时间少之又少；另一方面，人际关系的疏离也让人们在生活中缺乏足够的情感支持。在这些因素的综合影响下，人们在睡前往往会隐隐约约地觉得状态不太对劲，内心仿佛有一股无形的力量在搅动着自己的情绪，但他们却很难准确地表达出自己的真正需求，只能任由这种孤独感在心底蔓延。

　　颠覆性需求是用户自己都未曾想到的需求，如"枕头能否变成办公室午睡'神器'"。在传统的观念里，枕头的主要功能是毋庸置疑的，那就是在人们睡眠时为头部提供舒适的支撑。然而，随着时代的发展和生活节奏的加快，办公模式也发生了翻天覆地的变化。现代社会中，人们的工作强度越来越大，长时间的工作常常让人疲惫不堪。在这种情况下，人们开始在办公室寻找短暂的休息方式，以缓解疲劳、提高工作效率。这时，一些颠覆性的需求便应运而生。例如，有些用户会突发奇想，希望枕头能够在办公室午睡时发挥更大的作用，不再只是一个普通的睡眠辅助工具，而是成为帮助自己缓解疲劳、提升工作状态的"神器"。这种需求打破了传统思维的局限，为用户的生活和工作带来了新的可能性。

实战工具：5why 分析法

用户："我想要更便宜的枕头。"

（1）为什么觉得贵

当用户在购物过程中表示想要更便宜的枕头时，我们不能简单地认为这只是用户在追求低价，而是应该深入探究其觉得贵的原因。经过耐心而细致地询问，我们得知是因为"同类产品价格差距大"。在当今竞争激烈的市场环境中，同类枕头产品的价格存在较为显著的差异。这种差异并非毫无缘由，而是与多种因素密切相关。品牌因素在其中起着重要作用。一些知名品牌凭借其良好的口碑、优质的材料和精湛的工艺，往往定价较高；材质方面，不同的填充材料、面料质地等都会对价格产生影响；工艺上，手工制作与机器批量生产的产品在价格上也会存在很大的差别。用户在比较不同产品的价格时会根据自己所掌握的信息和认知标准，产生当前这款枕头的价格较高的判断。

（2）为什么关注价格

接着，我们需要进一步追问"为什么关注价格"，用户给出了"担心买错而浪费钱"的回答。这表明用户在购买决策过程中，对待每一分钱的花费都持有格外谨慎的态度。他们深知，购买枕头不只是一笔简单的消费，而是关系到自己的睡眠质量和身体健康。他们害怕因为自己的选择失误，购买了不适合的枕头，从而导致金钱上的浪费。毕竟，谁都希望自己的每一笔消费都能够物有所值，能够得到相应的回报。

（3）为什么怕浪费

为了更深入地了解用户的心理，我们继续深入探究"为什么怕浪费"，得到的回答是"以前买过不舒服的枕头"。原来，用户在以前的购买经历中曾经遭遇过不愉快的体验。也许当时被产品的外观设计所吸引，或者受到了商家宣传的影响，而没有充分了解产品的实际质量和适用性，结果买了不舒服的枕头。那次经历给用户留下了深刻的教训，让他们对购买枕头这件事变得更加谨慎小心，生怕再次陷入同样的困境，再次遭受金钱和精神上的双重损失。

（4）为什么不退换

当我们进一步询问"为什么不退换"时，用户表示"退货流程太麻烦"。在一些购物场景中，退货流程往往涉及多个烦琐的环节。首先，需要填写各种表格，详细注明退货原因、订单信息等内容；然后，要与客服进行沟通协调，解释退货的原因和需求；最后，还需要等待审核，这个过程可能会耗费大量的时间和精力。对于工作繁忙或者不擅长处理这些事务的用户来说，这无疑是令人头疼的事情。所以，即使他们对购买的枕头不满意，也可能因为退货流程的烦琐而选择放弃退换，宁愿将就使用。

（5）为什么怕麻烦

最后，我们追问"为什么怕麻烦"，用户的回答是"工作太忙，没时间"。现代生活的节奏如同高速运转的齿轮，一刻不停歇。人们的工作压力也随之不断增大，很多人每天都沉浸在忙碌的工作中，几乎没有多余的时间和精力处理退货等烦琐的事情。这种情况下，他们更倾向于在购买时就尽量避免可能出现的问题，而不是在事后花时间和精力去解决。他们希望能够一次性做出正确的购买决策，买到满意的产品。

结论

通过这一系列层层递进的追问和深入的分析，我们可以得出一个清晰而明确的结论：用户真正需要的不是单纯的低价，而是"无风险试用"，即在不承担过多风险的情况下尝试产品。他们在购买过程中，内心深处更希望能够有一种可靠的方式让自己先体验产品是否适合自己，然后根据实际体验做出最终的购买决策。这样一来，他们就可以避免因为购买到不合适的产品而带来的一系列麻烦和不必要的损失，从而实现理性消费并获得满意的购物体验。

1.1.3 如何用数据挖掘真实需求

在当今数字化时代，数据如同蕴藏着无尽宝藏的宝库，而掌握有效的数据挖掘方法就如同拥有一把开启宝藏之门的钥匙。那么，究竟该如何运用数据精准挖掘用户的真实需求呢？接下来详细介绍一种行之有效的方法——数据三角验证法。

1. 行为数据（冷数据）

在商业领域中，行为数据是一种客观且具有重要参考价值的"冷数据"。它宛如一面镜子，能够真实地反映用户在各种场景的行动轨迹和偏好。

（1）电商平台

作为现代商业的重要交易场所，电商平台汇聚了海量的用户行为数据。通过深入分析用户的搜索关键词，我们可以洞察到用户在特定时期对不同产品的关注度和兴趣方向。例如，某些关键词的频繁搜索可能暗示着市场对某一类产品的潜在需求正在上升。加购率则能进一步揭示用户对产品的初步认可程度，高加购率意味着该产品在吸引用户方面具有较强的竞争力。而跳出页分析更是帮助我们了解用户在浏览过程中遇到的阻碍和不满之处，从而有针对性地优化页面设计和产品展示。通过对这些多维度数据的全面分析，企业可以清晰地勾勒出用户的购物行为模式和偏好特点。

（2）社交媒体

社交媒体已成为人们生活中不可或缺的一部分，也成为企业挖掘用户行为数据的重要阵地。在社交平台上，笔记收藏量反映了用户对特定内容的喜爱和认可程度，视频完播率则直观地显示出哪些内容能够真正吸引用户的注意力并保持兴趣；话题热度更像一座灯塔，指引着企业关注当下社会热点和用户需求的集中区域。通过对这些指标的细致分析，企业可以深入了解用户在社交平台上的活跃度和兴趣点，为精准营销和产品创新提供有力支持。

（3）工具推荐

为了更高效地收集和分析这些繁杂的行为数据，企业可以借助一些专业的工具。例如，蝉妈妈专注于电商数据分析，帮助企业更好地理解用户在电商领域的行为逻辑；新抖等工具在社交媒体数据分析方面表现出色，能够精准捕捉用户在社交平台上的一举一动。

2. 态度数据（热数据）

与相对客观的行为数据不同，态度数据更多反映了用户内心的主观感受和评价，它是一种充满温度的"热数据"。

（1）用户评价

用户评价是企业了解用户态度的重要窗口。通过对差评中高频词的分析，企业可以敏锐地识别用户在使用产品或服务过程中遇到的核心痛点。这些痛点可能是产品设计上的缺陷、功能上的不完善或者服务体验上的不足。例如，如果大量用户在差评中提到产品的某个功能难以操作，那么企业就需要重点关注并思考如何优化该功能的设计和用户体验。

（2）调查问卷

设计科学合理的调查问卷是获取用户态度数据的有效手段之一。在设计问卷时，需要特别注意避免诱导性问题。因为诱导性问题可能会误导用户的回答，导致数据失真。例如，"你喜欢这个功能吗"这样的提问方式就带有一定的引导性，容易使用户受到干扰。而采用"你在什么场景下会使用这个功能"这样的提问方式，则能够引导用户更真实地表达自己的需求和使用场景，从而为企业提供更具价值的参考信息。

（3）工具推荐

为了确保调查问卷的有效性和数据的准确性，企业可以利用一些专业的在线调查工具。腾讯问卷、百度调查、问卷星等工具都提供了丰富的问卷模板和便捷的数据收集功能，能够满足企业多样化的调查需求。

3. 实验数据（活数据）

实验数据是通过实际的实验操作所获得的动态数据，它就像一场实时的市场演练，能够让企业直观地感受到用户对不同产品或功能的反馈，因此被称为"活数据"。

（1）AB 测试

AB 测试是一种常用的实验方法，通过对比不同设计或功能的转化率，企业可以清晰地了解到用户对哪一种设计或功能更感兴趣。这种对比实验能够在真实的市场环境中进行，避免了主观臆断和猜测，为企业的决策提供了可靠的依据。例如，在网页设计中，通过 AB 测试可以确定哪种页面布局更能吸引用户点击和购买；在产品功能优化方面，可以测试不同功能版本的用户接受程度，从而选择最优方案。

（2）众筹预售

众筹预售作为一种创新的市场验证方式，具有成本低、风险小的优点。通过发起最低成本的众筹预售活动，企业可以直接面向潜在用户推出新产品或新功能，观察市场的反馈和需求情况。如果众筹预售活动获得较高的参与度和支持度，说明市场需求旺盛，企业可以加大投入进行产品开发和生产；反之，如果反应平淡，企业则需要谨慎考虑是否继续推进项目，从而有效减少产品开发的风险。

案例：从数据到爆款

某国产床垫品牌就是一个通过巧妙运用数据挖掘真实需求，从而实现打造爆款产品的经典案例。该品牌深入研究天猫"问大家"板块的用户提问，发现用户在租房搬家时对床垫处理存在诸多困扰，这个高频提问背后隐藏着巨大的市场需求。基于这个精准的市场洞察，他们迅速推出了"可卷折床垫"，并主打"一卷就走，轻松搬家"的独特卖点。这款床垫正好迎合了用户在租房搬家场景下的实际需求，解决了他们的痛点。结果令人惊喜，首月销量就突破了 1 万件，成功打造了一款备受市场追捧的爆款产品。

在激烈的市场竞争中，成功的案例往往为我们提供了宝贵的经验和启示。这个案例充分证明了数据三角验证法在挖掘用户真实需求、推动产品创新和市场成功方面的强大威力。

1.2 产品价值：如何让用户心甘情愿买单

在当今竞争异常激烈的市场环境中，企业面临着前所未有的挑战与机遇。在这个信息爆炸、用户选择多元化的时代，产品价值的构建已经成为企业能否获取用户青睐，以及在市场中占据一席之地的关键所在。那么，究竟该如何通过有效地提升产品价值，让用户心甘情愿地为产品买单呢？这无疑是众多企业都在深入思考和积极探索的重要课题。

1.2.1 产品价值公式：功能 × 体验 × 情绪 = 用户购买的理由

产品价值的构建绝非单一维度的简单呈现，它是涉及多个层面、多个因素的综合体现。其中，功能价值作为产品的基础，是其存在的核心意义和根本目的。产品如果缺乏实用的功能，就如同无源之水、无本之木，难以在市场上立足。体验价值则是产品与用户交互的台阶，它贯穿了用户从接触产品到使用产品的整个过程。良好的体验价值能够让用户在使用产品的过程中感受到便捷、舒适和愉悦，从而增强用户对产品的好感度和忠诚度。而情绪价值则是产品与用户情感连接的塔尖，它赋予了产品超越物质层面的情感内涵和象征意义。当产品能够在情感上与用户产生共鸣时，用户就会对产品产生一种特殊的情感依赖，进而愿意为其支付更高的价格。这三者相互依存、缺一不可，共同构成了用户购买产品的充分理由。

案例：戴森（Dyson）吹风机的价值拆解

以备受瞩目的戴森吹风机为例，我们可以清晰地看到其产品价值是如何通过功能、体验和情绪3个维度得以完美呈现的。从功能价值方面看，戴森吹风机具有快速干发且不伤发的显著优势。这个功能的实现得益于其先进的技术和创新的设计，能够满足用户对高效、健康护发的需求。在体验价值方面，它的手柄设计符合人体工学原理，握感舒适，长时间使用也不会感到疲劳。同时，风温智能控制功能更是一大亮点，能够根据不同的发质和需求自动调节合适的温度，为用户提供了个性化的使用体验。在情绪价值方面，当用户手握戴森吹风机时，会不由自主地产生一种"精致中产"的身份认同感。这种情感上的满足使戴森吹风机不只是一款普通的吹风机，更成了一种生活品质和社会地位的象征。

"避坑"指南

在产品价值的构建过程中，企业需要时刻保持警惕，注意避免一些常见的陷阱，以确保产品能够满足用户的真实需求，赢得市场的认可。

（1）警惕"功能过剩"

例如，企业在设计和开发某智能水杯的过程中，为了追求所谓的"高科技"和"多功能"，为其添加了蓝牙、提醒喝水、检测水质等 10 项功能。然而，最终用户的反馈却令人深思："我只想要一个不漏水的杯子！"这个反馈明确地指出了一个关键问题，那就是功能并非越多越好。企业在开发产品时不能只关注功能的堆砌，而应该深入了解用户的核心需求，将重点放在满足用户最基本、最迫切的需求上，这样才能开发出真正受用户欢迎的产品。

（2）避免"体验割裂"

某高端护肤品虽然在包装设计上投入了大量精力，打造了奢华、精美的外观，给人一种高端大气的感觉。然而，在瓶口设计方面却出现了严重的失误，导致每次倒出过量的护肤品，给用户带来了不便。这种体验上的割裂使原本高端的品牌形象大打折扣，用户体验也因此扣分。这提醒我们，在追求产品高端感的同时，绝不能忽视产品的实用性。企业应该在保证产品基本功能的基础上注重细节设计，优化用户体验，使产品的各个方面都能够协调统一，为用户提供无缝衔接的使用感受。

1.2.2 情绪价值打造：产品不只是商品，更是情感连接

在当今的消费市场中，情绪价值打造已经成了企业不可或缺的重要环节。产品不再只是满足用户物质需求的简单商品，它更是建立品牌与用户之间深刻情感连接的关键纽带。情绪价值打造犹如一座精心搭建的桥梁，将产品与用户紧密地联系在一起，使用户在购买和使用产品的过程中，不仅获得了实际的功能满足，更在情感层面得到了共鸣和慰藉。

情绪价值的四大引擎包括身份认同、社交货币、情感补偿和仪式感设计，它们各自发挥着独特的作用，共同助力产品在激烈的市场竞争中脱颖而出。

1. 身份认同

身份认同是情绪价值的重要组成部分，它能够让用户通过使用产品表达自己的生活态度和价值观，从而找到属于自己的特定社群归属感。Keep 运动 App 的用户是一群自律的人，是对生活有追求的人，"自律才能自由"的口号给了这个群体清晰的身份定位。

2. 社交货币

社交货币在情绪价值打造中扮演着独特而关键的角色。它使产品具有了在社交场合中展示和分享的价值，成为用户提升自身社交形象和地位的工具。猫肚皮枕就是一个生动的案例。在社交媒体盛行的今天，猫肚皮枕以其可爱、独特的造型迅速走红。许多用户购买后会在小红书等社交平台上"开箱晒图"。这些精美的图片和有趣的文案分享不仅展示了产品的可爱之处，更表达了用户自身的生活品位和对可爱事物的喜爱之情。在这个过程中，猫肚皮枕成了一种社交货币，帮助用户在社交圈中获得更多的关注和认可，满足了他们的社交需求和心理诉求。

3. 情感补偿

情感补偿是针对用户在生活中可能遇到的各种负面情绪和压力而提供的一种情感慰藉。在快节奏的现代生活中，人们常常面临各种各样的挑战和压力，因此需要一些能够缓解情绪、带来温暖和安慰的产品。例如，"晚安牛奶香薰"就是专门为加班族设计的。对于那些经常加班到深夜、身心疲惫的人们来说，这款香薰的独特气味能够帮助他们放松身心，缓解孤独感和压力。当加班族在结束一天的辛苦工作后，回到家中点燃这款香薰，那淡淡的牛奶香气弥漫在空气中，仿佛为他们营造了一个温馨、舒适的小天地，让他们忘却工作的疲惫和生活的烦恼，重新找回内心的平静和安宁。

4. 仪式感设计

仪式感设计则是通过为产品赋予特定的仪式感和文化内涵，从而提升用户在使用过程中的情感体验和文化价值。某茶叶品牌就巧妙地运用了这个策略。该品牌在销售茶叶时附赠了手写茶笺，这个小小的举动却为用户带来了别样的体验。用户收到这份带有手写茶笺的茶叶时，会感受到一种独特的文化氛围和人文关怀。在冲泡茶叶的过程中，用户可以按照茶笺上的建议，用心地准备茶具、控制水温、把握冲泡时间，体验"每日一壶茶"的冲泡仪式。这种仪式感不仅增加了用户对茶叶的欣赏和喜爱程度，更让他们在繁忙的生活中找到了一种宁静、优雅的生活情趣，使产品具有了更高的文化价值和情感吸引力。

如何设计产品的情绪价值呢？结合上文内容，我们可以从 4 个方面着手，具体的工具可以用情绪价值画布，如表 1-2 所示。

表 1-2　情绪价值画布

维度	策略思维
身份认同	是否代表某个群体的价值观、消费主张、文化主张，并形成这个群体的身份认同。例如，我们是一群……样的人
社交货币	是否具备自媒体圈的重要元素，能否形成社交话题，能否成为某个群体交流的话题
情感补偿	是否能提供安慰、温暖甚至疗愈的价值，让用户获得产品以外的满足感及心理上的抚慰
仪式感设计	是否有独特的仪式设计，把产品与生活、产品与人物、产品与环境融合在一起，形成人、货、场景、活动、文化的融合体验

Ai 时刻

工具推荐：DeepSeek、豆包、Kimi。

应用方式：对话。

提示词：

你是一位……领域的营销专家，对……的产品价值非常熟悉，请按照功能价值、体验价值、情绪价值 3 个层面，帮助分析……产品的价值层级，并给出产品优化建议。

1.2.3 价格定位：如何让用户觉得"贵得值"

在产品定价的过程中，企业需要谨慎地避开一些常见的误区，以确保其价格定位的科学性和合理性。这不仅是商业策略的一部分，更是赢得用户信任和忠诚的关键所在。

首先，我们探讨一下定价的三大常见误区。

1. 成本定价法

这种方法简单地根据产品的成本确定售价。例如，我的产品成本是 100 元，所以卖 150 元。然而，这种定价方式忽视了一个重要事实——用户并不关心产品的生产成本是多少，他们更关心的是产品能为自己带来什么样的价值。如果用户认为产品的价值低于其价格，无论成本多么低，他们也会认为不值得购买。

2. 竞争定价法

有些企业会参照竞争对手的价格设定自己的产品价格。例如，对手卖199元，我就卖179元。这种做法看似能够快速吸引用户，但实际上却容易使企业陷入无休止的价格战中。长期来看，这不仅会侵蚀企业的利润空间，还可能损害品牌形象，不利于品牌的长期发展。

3. 盲目高价法

有些企业错误地认为，只要将产品定价足够高，就能塑造出高端形象。例如，我们的产品定位高端，所以定价999元。然而，如果没有相应的价值支撑，用户很难接受这样的高价。过高的价格反而可能让用户觉得企业是在利用他们的消费心理进行牟利，从而产生反感。

接下来，我们探讨一下更科学的定价策略。

1. 价值锚定法

这种方法通过强调产品所带来的独特价值，影响用户的心智判断。以猫肚皮枕为例，它通过宣传"只需一杯奶茶的价格，就能享受五星级酒店的睡眠体验"，成功地将产品的价值与用户的日常生活体验相联系，从而在用户的心智中形成了明确的价值锚定。

2. 心理账户转移

这是一种巧妙的策略，它试图改变用户对产品的认知类别，从而提升其价值感知。例如，护颈枕如果被定位为"日用品"，用户可能会觉得 399 元的价格偏高。但如果将其转移到"健康投资"的心理账户中，强调"每天只需 1.1 元，就能拯救颈椎健康"，那么用户就会更容易接受这个价格，因为它现在被视为一项对自己健康的重要投资。

3. 组合定价法

通过将多个相关产品组合销售，并给出一个相对优惠的总价，可以为用户提供更多的价值感。例如，将枕头（399 元）、眼罩（99 元）和助眠喷雾（69 元）组合成"睡眠礼盒"，并以特价 499 元出售。这样的组合不仅满足了用户对一站式购物的需求，还通过优惠的价格提升了整体的价值感，从而促进了产品的销售。

AI 时刻

工具推荐：DeepSeek、豆包、Kimi。

应用方式：对话。

提示词：

你是一位……领域的营销专家，对……产品的市场环境非常熟悉，请帮助分析……产品应采用什么定价策略，按照什么价格区间定价。

举例：DeepSeek 对话。

> 提示词：你是一位生鲜鸡蛋领域的营销专家，对叶黄素鸡蛋、DHA 鸡蛋的市场环境非常熟悉，请帮助分析这类产品应采用什么定价策略，按照什么价格区间定价。

1.3 好产品的标准：诊断你的产品是否具备爆款潜质

在当今竞争异常激烈的市场大环境中，一款产品能否脱颖而出，成为令人瞩目的爆款，绝非只取决于市场中那些难以捉摸的偶然因素。市场的风云变幻固然会对产品的成败产生一定的影响，但更关键的是产品自身是否拥有一系列足以支撑其走向成功的优秀特质。这些特质犹如构建大厦的基石，共同构成了评判产品是否具有爆款潜质的关键标准体系。而在这个体系中，最核心的要素便是产品力金字塔。产品力金字塔是一个全面且系统的评估模型，它涵盖了功能、体验及品牌 3 个不可或缺的重要层面，每一个层面都在整个产品的生命周期中发挥着至关重要的作用。

1.3.1 产品力金字塔：功能、体验、品牌，缺一不可

产品力由 3 个层面构成，分别是功能层、体验层和品牌层。

1. 功能层：是否解决核心痛点

功能无疑是产品得以存在的根基，也是用户在做出购买决策时首要考虑的关键因素。在纷繁复杂的市场中，产品要想在众多竞争对手的夹击下站稳脚跟，就必须具备能够切实解决用户核心痛点的强大能力。以常见的枕头产品为例。在当今社会，随着人们生活节奏的加快和电子设备的广泛普及，长时间使用电子设备已经成为一种常态。这种生活方式的改变也带来了一系列的健康问题，其中颈部问题尤为突出。在这样的背景下，那些能够专注于护颈功能的枕头便更容易受到广大用户的青睐。一款设计科学合理、能够有效支撑颈部、缓解颈部疲劳的枕头，无疑是精准地抓住了用户的核心需求。当用户在使用这样的枕头时，能够切实感受颈部的压力得到减轻，睡眠质量得到提升，这种对核心痛点的精准把握和有效解决正是产品功能层面的关键所在。它不仅直接关系到产品能否满足用户的基本期望，更是为产品成为爆款奠定了坚实的基础。如果产品连用户最核心的功能需求都无法满足，那么无论其在其他方面表现得多么出色，也很难在市场上获得长久的成功。

2. 体验层：是否让用户"用着爽"

当产品的功能成功地满足了用户的基本需求之后，用户体验便成了决定产品能否从众多同类产品中脱颖而出的重要因素。这里所说的用户体验是一个综合性的概念，它不局限于产品的实际使用效果，还涵盖了产品在使用过程中给用户带来的各种感受。

以触感为例，一个具有 Q 弹触感的产品往往会给用户带来愉悦的使用感受。例如，一些高品质的家居用品，其柔软而有弹性的材质就像给用户的肌肤带来了一场温柔的呵护。当用户轻轻触摸这些产品时，那种细腻的触感能够让他们感受到舒适和放松，仿佛所有的疲惫都在这一刻烟消云散。这种细腻的触感体验能够极大地提升用户对产品的好感度，使用户在使用产品的过程中产生一种愉悦的情感连接。

此外，开箱仪式感也是影响用户体验的重要环节。在当今这个注重消费体验的时代，用户购买产品已经不再只是为了获得产品本身，他们更渴望在整个购买和使用过程中能够享受到独特的体验。一个精心设计的开箱过程，从包装的外观到内部结构的布局，再到产品呈现的方式，都能给用户带来一种仪式感和惊喜感。用户怀着期待的心情打开包装的那一刻，仿佛开启了一场与产品的奇妙之旅。这种独特的体验能够让用户对产品留下深刻的印象，增加用户对产品的认同感和忠诚度。例如，有些品牌会在包装盒内添加一些精美的礼品或者贴心的小卡片，这些小小的举动都能够让用户感受到品牌的用心和关怀，从而在他们的心中留下美好的回忆。

3. 品牌层：是否形成情感共鸣

品牌作为产品的无形资产，承载着用户的价值观和情感诉求。一个成功的品牌不只是一个简单的商标或名称，更是一种能够与用户产生情感共鸣的强大力量。例如，"躺岛"这个品牌所传递的"躺平治愈哲学"在当下快节奏、高压力的社会环境中触动了许多年轻人的心。在这个充满挑战和竞争的时代，年轻人每天都在为生活奔波劳碌，他们渴望在忙碌的生活中找到一片属于自己的宁静角落。而"躺岛"所倡导的这种轻松、自在的生活态度，正好与他们的情感需求相契合。通过这种情感共鸣，品牌与用户之间建立了一种深层次的联系，使用户不只是购买产品本身，更是在追求一种情感上的满足和认同。这种情感纽带能够增强用户对品牌的黏性和忠诚度，为产品的长期发展提供有力的支持。当用户对一个品牌产生了深厚的情感认同时，他们会更愿意主动地向身边的人推荐该品牌的产品，从而形成一种良好的口碑传播效应。

自测清单

要判断一个产品是否具备爆款潜质，除了从产品力金字塔的 3 个层面进行深入分析，还可以通过以下自测清单进行初步评估。

首先，用户能否用一句话说清产品卖点？在当今信息爆炸的时代，用户的注意力变得越来越稀缺。一个清晰明确的产品卖点能够让用户在短时间内了解产品的核心优势和价值。如果用户在接触产品的瞬间就能准确地说出产品的卖点，就说明该产品的定位清晰，能够有效地传达自己的价值主张。这对于吸引用户的关注和购买具有重要意义。

例如，苹果公司的产品以其简洁明了的设计和强大的功能著称，用户在看到苹果产品的第一眼就能够明白其独特的价值所在。

其次，是否有至少一个让用户"WOW"的体验细节？这个体验细节可以是产品的独特设计、创新功能或超出用户预期的服务等。用户在使用产品的过程中遇到这样一个令人惊喜的细节时会产生强烈的情感反应，从而对产品留下深刻的印象。这种"WOW"时刻不仅能够提升用户对产品的满意度，还可能引发用户的口碑传播，为产品的推广起到积极的作用。例如，海底捞火锅以其贴心周到的服务而闻名，从为顾客提供免费的小吃到为他们庆祝生日等细节，都能够让顾客感受到特别的关怀和照顾，从而在顾客心中留下深刻的印象。

最后，品牌是否拥有自己的"符号系统"？这里的"符号系统"包括颜色、IP、标语等元素。这些符号不仅是品牌的视觉标识，更是品牌文化和价值观的体现。一个具有独特符号系统的品牌能够在用户心中树立鲜明的形象，使用户在众多竞争对手中轻易地识别和记住该品牌。同时，这些符号也能够传递品牌的个性和特色，吸引与品牌价值观相符的用户群体，进一步增强品牌的凝聚力和影响力。例如，可口可乐的红色包装和独特的品牌标识已经成了其品牌形象的重要组成部分，无论在世界的哪个角落，人们只要看到这个标识就能够立刻联想到可口可乐的产品。

1.3.2　市场反馈诊断：如何收集用户的真实意见

在当今竞争激烈的市场环境中，准确了解用户的真实想法和需求对于产品的优化与改进至关重要。那么，究竟该如何有效地收集到用户的真实意见呢？接下来介绍一种经过实践验证的四步诊断法。

第一步：埋点式调研

埋点式调研是一种巧妙且直接的方式。具体操作是在商品详情页插入"轻调研"浮窗。例如，当用户正在浏览某款枕头的商品详情页时，屏幕上会适时弹出一个温馨的小窗口，上面显示诸如"你买这款枕头最看重什么"这样的问题。这种方式的优势在于，它能够在用户对产品产生浓厚兴趣、正处于购买决策的关键阶段时，及时地获取他们对于产品关注重点的一手信息。通过这种方式收集到的数据能够反映用户在众多产品特性中最看重的因素，为产品研发团队提供了明确的方向，有助于他们进一步优化产品的核心卖点，使其更贴合用户的实际需求。

第二步：场景化反馈

场景化反馈侧重于让用户在实际使用场景中记录和表达他们的感受。发货时，商家可以贴心地附赠一本"睡眠日记本"。当用户收到这个特别的赠品时，他们会感受到品牌对自己的关注和关怀。而这本"睡眠日记本"不只是一个简单的本子，它更像一个用户与品牌之间沟通的桥梁。品牌方可以邀请用户在使用过程中将每天的睡眠体验详细地记录下来，包括使用产品时的舒适度、是否有助于入睡、醒来后的状态等。这种基于实际使用场景的反馈能够让品牌方更加深入地了解产品在真实生活中的应用情况，从而发现可能存在的问题和不足之处，为后续的产品改进提供宝贵的参考依据。

第三步：差评黄金 24 小时

对于那些给出退货评价的用户要格外重视起来，因为他们的反馈往往隐藏着产品亟待解决的问题。针对退货用户，品牌方需要即时进行电话回访。在用户退货后的 24 小时内与他们取得联系是非常关键的。因为这时用户对产品的不满情绪还比较强烈，他们对产品的问题记忆犹新。通过与用户的深入沟通，挖掘他们退货背后的深层原因。也许是产品质量存在瑕疵，也许是功能未能达到用户的期望，又或许是用户体验不佳等。只有找到这些根本原因，才能有针对性地对产品进行改进和优化，避免类似问题再次发生，从而提高用户的满意度和忠诚度。

第四步：社群共创

建立"产品内测群"是一种创新的用户参与方式。在这个群里，用户可以积极参与到产品的测试和改进过程中来。品牌方可以定期发布一些关于新产品功能或改进方案的信息，让用户投票决定新功能的优先级。这种方式不仅能够增强用户的参与感和归属感，让他们觉得自己是品牌发展的一部分，还能够充分利用用户的集体智慧。用户具有不同的背景和需求，他们的意见和建议往往具有多样性和创新性。通过社群共创，品牌方可以更好地把握市场需求和趋势，开发出更符合用户需求的产品。

案例：从差评到爆款

某电动牙刷品牌在市场调研中发现，差评中高频出现的词语竟然是"充电麻烦"。这个反馈引起了品牌方的高度重视。于是，他们迅速组织研发团队进行技术攻关，推出了一款"一年仅需充一次电"的升级款电动牙刷。令人惊喜的是，这款升级产品一经推出便受到了广大用户的青睐，差评率大幅下降了 70%。

这个案例充分证明了通过有效的市场反馈诊断和及时的产品改进，能够成功地将产品的劣势转化为优势，实现从差评到爆款的华丽转身。

1.3.3　产品优化方向：如何找到突破点

在当今竞争激烈的市场环境中，产品的优化是企业持续发展的关键。然而，面对众多的产品特性和用户需求，如何准确找到优化的突破点，成了摆在企业面前的一大挑战。此时，四象限分析法作为一种有效的决策工具，为企业提供了清晰的思路和方法。

四象限分析法根据用户对产品特性的满意度及这些特性的重要性 2 个维度，将产品的各项功能或服务划分为 4 个象限，如图

1-1 所示。每个象限都代表了不同的策略方向，帮助企业有针对性地制定产品优化方案。

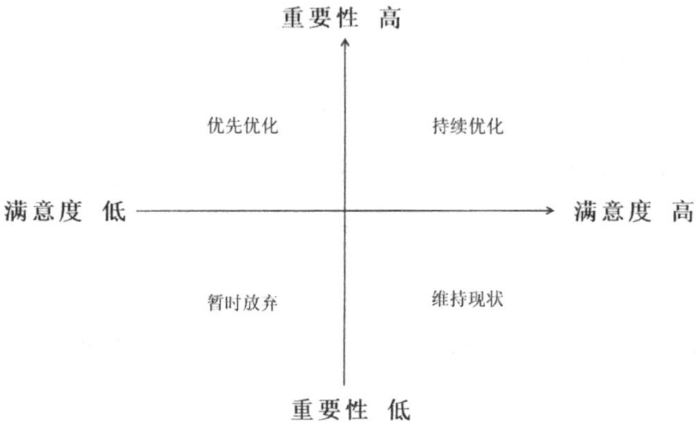

重要性 高

优先优化　　　　持续优化

满意度 低 ————————→ 满意度 高

暂时放弃　　　　维持现状

重要性 低

图 1-1　四象限分析法

在满意度高且重要性高的象限，企业应该采取持续强化的策略。这些功能或特性是产品的核心竞争力，用户对其表现出了高度的满意和重视。因此，企业需要进一步加大投入，不断提升这些功能的用户体验，以巩固其在市场中的优势地位。

在满意度低但重要性高的象限，企业则需要优先进行优化。这些功能或特性虽然对用户来说非常重要，但当前的满意度却较低，意味着存在较大的改进空间。针对这个象限的功能，企业应该深入分析用户不满意的原因，找出问题所在，并集中资源改进。

对于满意度高但重要性低的象限，企业可以选择维持现状。这些功能或特性虽然对用户来说不是最重要的，但用户对其已经表现出了较高的满意度。在这种情况下，企业无须进行过多的投入和改动，保持现有的状态即可。这样既可以节省企业的资源，又能确保用户对这些功能的持续满意。

最后，在满意度低且重要性也低的象限，企业可以考虑暂时放弃或减少投入。这些功能或特性既不受用户重视，也未能获得用户的好评，对企业的整体业绩贡献较小。因此，企业可以将有限的资源更加集中于其他更有价值的领域，以提高整体的运营效率和市场竞争力。

以某咖啡机的优化决策为例，我们可以清晰地看到四象限分析法的应用。用户最在意的"研磨均匀度"功能具有极高的重要性，但其满意度仅为 60%，表明这个功能存在较大的改进空间。因此，根据四象限分析法，企业应优先升级磨豆技术，以提高研磨的均匀度，满足用户对高品质咖啡的追求。而"App 智能控制"功能由于重要性相对较低，且用户满意度较高，企业选择维持现状，继续提供稳定且受欢迎的智能控制体验。

通过运用四象限分析法，企业能够更加精准地找到产品优化的突破点，制定符合市场需求和企业发展策略的优化方案。这不仅有助于提升产品的竞争力和用户满意度，还能为企业带来更加可观的经济效益和市场份额。

1.3.4　产品生命周期管理：如何精心打造长红产品

在当今竞争激烈且瞬息万变的市场环境中，产品的生命周期管理成了企业持续发展和保持竞争力的关键所在。一款成功的产品不仅要在推出时吸引用户的注意，更要在整个生命周期中持续焕发活力，成为长红产品。这需要企业深刻理解产品生命周期的各个阶段，并制定相应的精准策略。以下便是产品生命周期的 4 个典型阶段及对应的有效策略。

1. 导入期：快速迭代 MVP

导入期是产品刚进入市场的阶段，此时产品面临着诸多不确定性，市场反应也尚未可知。在这种情况下，最小可行性产品（Minimum Viable Product，MVP）策略显得尤为重要。通过快速推出一个具备核心功能的产品版本，企业可以最小的成本和时间投入测试市场的反应。

例如，小米第一代手机便是凭借"性价比"这个核心功能巧妙地切入了市场。在当时的手机市场，高端品牌占据着较大的市场份额，价格相对较高。而小米敏锐地捕捉到了广大用户对高性价比手机的需求，就将资源集中在提供高性能配置的同时保持相对较低的价格。通过这种策略，小米第一代手机迅速吸引了大量用户的关注，成功打开了市场局面，为后续的发展奠定了坚实的基础。

2. 成长期：延伸使用场景

产品经过导入期的市场测试，获得一定的认可和市场份额后便进入了成长期。在这个阶段，产品的需求逐渐增长，市场竞争也开始加剧。为了进一步扩大市场份额和满足不同用户的需求，企业需要延伸产品的使用场景。

例如，猫肚皮枕最初可能只是作为一种普通的家居用品存在。但随着对市场需求的深入了解，企业推出了"办公室护颈款"。对于长时间坐在办公室面对电脑的上班族来说，颈部容易疲劳，这款护颈款猫肚皮枕正好满足了他们在工作时对颈部支撑的需求。同时，考虑到用户在旅行过程中对便携性的需求，又推出了"旅行便携款"。这种延伸使用场景的策略使猫肚皮枕能够覆盖更多消费场景，吸引了更广泛的用户群体，从而推动了产品的进一步成长。

3. 成熟期：跨界联名增值

当产品进入成熟期后，市场份额相对稳定，增长速度逐渐放缓。此时，企业需要在现有的基础上进行创新，为产品赋予新的附加值，以吸引用户的关注并维持市场份额。跨界联名是一种常见且有效的策略。

例如，瑞幸咖啡与茅台合作的"酱香拿铁"便是一个很好的案例。通过跨界联名，瑞幸咖啡成功营造了一个热点话题，为品牌注入了新的活力，提升了品牌的知名度和美誉度，实现了产品在成熟期的增值发展。联名已经成为瑞幸咖啡的常态化策略，后续的黑神话悟空的联名款也非常成功。

4. 衰退期：技术颠覆重生

任何产品都不可避免地会面临衰退期，市场需求下降，销售业绩下滑。然而，这并不意味着产品的终结，企业可以通过技术颠覆的方式让产品重获新生。

例如，赛力斯汽车原本是一家生产面包车的汽车企业，随着社会经济的快速发展、新能源汽车智能座舱的新技术应用让传统车企举步维艰。赛力斯选择拥抱华为，推出"问界"新能源汽车，打造华为智能座舱，实现了技术上的革命性迭代，把握了"换道超车"的发展机遇，因而焕发了新的生命力。

总之，产品生命周期管理是一个复杂又系统的工程，企业需要根据产品所处的不同阶段灵活运用各种策略，不断优化和创新产品，才有可能打造出长红产品，在激烈的市场竞争中立于不败之地。

1.4 新起点：用需求重新定义产品

1.4.1 反向思维：先找到市场，再做产品

在瞬息万变、竞争激烈的市场环境中，传统的思维模式已经难以适应市场的快速变化和用户的多样化需求。传统思维往往遵循一种相对固定的路径：企业或创业者首先审视自身拥有的技术或资源，基于这些现有的条件去开发产品，随后费尽心思地寻找潜在的用户使用这些产品。然而，这种看似顺理成章的方法却存在明显的弊端，它常常忽略了市场的真实需求及用户在使用过程中的实际体验，导致最终开发的产品可能与用户的期望存在较大差距，无法真正满足用户的切实需要。

与之形成鲜明对比的是，爆品思维倡导一种突破常规的反向思考方式。这种思维方式强调首先要深入市场，敏锐地识别用户的痛点。这并非简单的表面观察，而是需要通过各种渠道收集信息，包括社交媒体上的用户评论、行业报告、市场调研数据等，从中挖掘出用户在日常生活或特定场景下所面临的真实困扰和未被满足的需求。例如，对于租房群体来说，他们可能会面临房东限制打孔的问题，这就是一个具体的痛点。

在准确识别用户的痛点后，接下来的关键步骤就是设计出能够切实解决这些痛点的产品。这要求企业或创业者具备创新的设计能力和对用户需求的深刻理解，从功能、外观、使用便捷性等多个维度进行精心构思，确保产品能够精准地击中用户的痛点，为用户提供独特的价值。

当产品设计完成后，还需要整合必要的资源实现产品的生产。这包括寻找合适的供应商、筹集资金、建立生产流程等，确保产品能够顺利推向市场。

这种以市场需求为导向的反向思考方法将关注点始终放在用户需求上，更加注重市场的实际反馈，从而大大提高了产品成功的可能性。

案例：免打孔伸缩杆的诞生

以某家居品牌为例。在当今数字化时代，社交媒体平台成了品牌了解用户需求的重要窗口。该品牌深入研究小红书这个热门社交平台上的海量数据，通过对各种话题的热度分析和对用户评论的细致梳理，发现了一个令人瞩目的现象——"租房改造"这个话题的阅读量竟然超过了 10 亿次。如此高的关注度表明，租房改造是一个备受广大用户关注的热门领域，背后隐藏着巨大的市场需求。

然而，进一步分析用户的讨论内容后，他们发现用户在租房改造过程中普遍抱怨"房东不让打孔"。这个问题成了租房群体生活中的一个显著痛点，因为打孔不仅可能违反租房合同，还可能对房屋造成损坏，引发与房东的矛盾。

基于这个深刻的市场洞察，该家居品牌迅速行动起来，推出了一款创新性的产品——免打孔伸缩杆。这款产品的设计独具匠心，无需任何复杂的工具即可轻松安装，完美地解决了租房用户在改造过程中遇到的难题。它的出现为租房群体提供了极大的便利，让他们能够在不破坏房屋的前提下自由地进行家居布置和改造。

结果证明，这个策略取得了巨大的成功。产品一上市，便受到了广大租房用户的热烈欢迎和追捧。在上市首月，销量就突破了 50 万件，创造了令人瞩目的销售佳绩。这个案例充分展示了反向思维在产品开发中的巨大威力，通过先找到市场的真实需求，再有针对性地设计和推出产品，企业能够更好地满足用户的期望，从而在激烈的市场竞争中脱颖而出。

1.4.2　MVP：如何快速测试市场

在当今竞争激烈且瞬息万变的商业环境中，MVP 作为一种极具智慧的产品开发策略，正受到越来越多企业和创业者的青睐。它的核心目标在于以最快的速度和最小的成本精准地测试市场对产品的接受程度，从而为后续的产品优化和大规模推广提供有力依据。

MVP 设计的三原则是其成功实施的关键所在，下面将对其进行详细阐述。

1. 极简功能

在开发 MVP 时，企业需要秉持"少即是多"的理念，只保留产品的核心卖点。这意味着要聚焦于产品最关键、最能解决用户痛点的功能，摒弃那些不必要的复杂功能和烦琐设计，以最简单的方式将产品呈现给用户。这样做的好处是多方面的：一方面，能够让用户更加直观地了解产品的核心价值，避免因过多的功能而让用户感到困惑或不知所措；另一方面，极简的功能设计有助于快速开发出产品原型，投入市场进行测试，从而能够迅速获得市场反馈。这种反馈对于企业来说至关重要，它就像指南针指引着产品的优化方向，帮助企业明确哪些功能是用户真正需要的，哪些是需要改进或舍弃的。

2. 精准渠道

选择种子用户聚集的地方进行产品测试是 MVP 策略的另一

个重要环节。种子用户是指那些对产品具有较高的兴趣和需求，并且愿意积极参与产品测试和反馈的用户群体。他们通常是产品的潜在目标用户，能够为产品提供宝贵的意见和建议。因此，在进行产品测试时，企业需要精准地找到这些种子用户所在的平台或渠道，有针对性地进行推广和测试。这样不仅可以提高产品的曝光度和测试效率，还能够更快地收集到目标用户的反馈，为产品的优化提供准确的数据支持。

例如，猫肚皮枕在进行首次测试时，并没有盲目地选择泛流量平台进行推广。泛流量平台虽然拥有庞大的用户群体，但这些用户不一定都是猫肚皮枕的目标用户，在这样的平台上进行测试可能导致资源浪费和反馈信息不准确。经过深入的市场调研和分析，猫肚皮枕团队发现小红书上母婴博主的粉丝群体正是他们的目标用户。这些母婴博主在小红书上拥有大量忠实的粉丝，他们关注的内容与猫肚皮枕的产品定位高度契合。于是，猫肚皮枕团队选择了与这些母婴博主合作，通过他们的影响力和粉丝基础，将产品推荐给目标用户进行测试。这种精准的渠道选择使猫肚皮枕在短时间内就获得了大量目标用户的反馈，为产品的优化和改进提供了有力的依据。

3. 快速迭代

根据用户的反馈，及时对产品进行优化是 MVP 策略的核心要点之一。在产品测试过程中，企业需要密切关注用户的反馈信息，分析用户的需求和痛点，找出产品存在的问题和不足之处；

然后，根据这些反馈信息，每周对产品进行有针对性的优化和改进，以确保产品能够不断满足用户的需求。这种快速迭代的过程是一个持续循环的过程，随着用户需求的变化和市场的动态发展，产品也需要不断地调整和优化。

1.4.3　需求、产品、市场匹配：如何打造真正的"超级单品"

在当今竞争激烈的商业环境中，打造"超级单品"已经成为众多企业追求的目标。而要实现这个目标，关键在于确保产品与市场需求达到高度匹配的状态。这种匹配并非简单的契合，而是需要深入挖掘用户的需求，精准定位产品的特性和优势，使其能够真正满足市场的期望并脱颖而出。那么，如何检验产品与市场需求的匹配度呢？这可以通过以下 3 个重要问题进行考量。

1. 用户是否愿意自发推荐

用户自发推荐的意愿是衡量产品与市场需求匹配度的重要指标之一。净推荐值（NPS）是一种常用的衡量用户满意度和忠诚度的方法。当 NPS 大于等于 40 时，意味着产品在用户心中具有较高的认可度，用户对产品的体验感到满意，并且愿意主动向他人推荐该产品。这种自发推荐不只是一种口头宣传，更是一种基于用户真实体验和信任的传播方式。它能够帮助企业扩大品牌影响力，吸引更多潜在用户。例如，一款智能手机如果在使用过程中能够给用户带来流畅的操作体验、出色的拍照效果及良好的续航能力等，用户就会对其产生好感，并愿意向身边的朋友、家人推荐这款手机，从而形成口碑传播效应，推动产品的销售。

2. 复购率是否超过行业均值

复购率是反映产品与市场需求匹配度的另一个关键因素。对于消费品而言，复购率大于等于20%通常被认为是一个较为理想的水平。复购率的高低直接体现了用户对产品的持续需求程度。当产品的复购率超过行业均值时，说明该产品在市场上具有较强的竞争力，能够满足用户的长期需求，并且得到了用户的认可和信赖。以化妆品为例，如果一款面霜具有良好的保湿、抗衰老效果，且使用后皮肤没有出现不适反应，用户在使用一段时间后很可能会再次购买该产品，甚至会长期固定使用该品牌的产品。这种高复购率不仅能够为企业带来稳定的收入来源，还能够降低企业的营销成本。因为企业无需花费过多的精力吸引新用户，只需要专注于维护现有用户的忠诚度即可。

3. 能否形成品类代名词

能否形成品类代名词也是判断产品与市场需求匹配度的重要标准之一。当一个品牌或产品在用户心目中成为某个品类的代表时，就意味着该品牌或产品在该领域具有极高的知名度和美誉度，用户在提及该品类时首先想到的就是该品牌或产品。例如，"无人机"与"大疆"紧密联系在一起，当人们想到无人机时，往往会自然而然地联想到大疆这个品牌。这种品类代名词的形成不仅是品牌在市场中占据主导地位的体现，更是产品与市场需求高度匹配的结果。因为只有当产品真正满足了用户的需求，并且在市场上具有独特的竞争优势时，才能够在用户心中留下深刻的印象，成为品类的代名词。

案例：猫肚皮枕通过一个枕头抓住用户的深层需求

（1）市场需求洞察

显性需求：护颈、透气、适配多种睡姿。

隐性需求：都市年轻人对"治愈感""萌系陪伴"的情感渴求。

颠覆性需求：将枕头从"床上用品"变为"生活治愈符号"。

数据支撑：

+ 小红书上"失眠"话题的笔记超 600 万篇；

+ 天猫上"护颈枕"的搜索量年增长 120%；

+ 用户访谈中，"孤独感"的提及率高达 65%。

（2）产品价值拆解

功能：记忆棉材质＋分区支撑设计，适配仰睡、侧睡。

体验：

+ 触感——模仿猫肚皮的 Q 弹手感；

+ 视觉——马卡龙色系＋猫爪印花；

+ 开箱体验——附赠"猫肚皮养护手册"＋猫粮试用装。

情绪：品牌名"躺岛"传递"躺平治愈哲学"。

用户评论："每晚抱着枕头，感觉像撸猫一样解压"。

（3）营销策略复盘

阶段 1：冷启动测试（销量 0 ~ 1 万个）。

精准种草：邀请 100 位家居博主测评，突出"触感可视化"（用慢镜头展示枕头回弹）。

私域沉淀：扫码加入"躺平俱乐部"，提供睡眠音乐、冥想课程。

阶段 2：破圈引爆（销量 1 万 ~ 10 万个）。

场景绑定：深夜时段在抖音投放广告，台词为"加班到凌晨，还好有猫肚皮枕接住我的疲惫"。

跨界联名：与流浪猫救助机构合作，每售出一个枕头捐赠 1 元。

阶段 3：长尾运营（销量 10 万个以上）。

用户裂变：发起"晒枕头赢全年猫粮"活动，老用户推荐返利 15%。

品类延伸：推出"猫肚皮眼罩""猫肚皮坐垫"，复用情感资产。

第 2 章

换道超车:

另辟蹊径的 AI 生成式

营销实战技巧

　　许多品牌想用战术上的勤奋弥补战略上的错误，结果南辕北辙，越走越远。这个世界不缺好产品，好产品选好赛道才能轻松胜出，这是"田忌赛马"在营销实战中的应用。如果产品所处的赛道本身缺乏成长空间，再多的投入也难以撬动理想的回报。错误的赛道就像让超级跑车行驶在崎岖不平的泥泞道路上，注定举步维艰。真正的换道超车不是盲目地加速，而是基于精准的市场洞察，摆脱固有路径依赖，跳脱红海竞争，抢占尚未饱和的新兴赛道。借助 AI 生成式营销工具，品牌可以更低的成本撬动更高效的增长，实现指数级回报，而不是在旧赛道上无谓地消耗。

　　企业必须首先进行精准的赛道诊断，甄别自己所处赛道的真实价值，评估自身的竞争地位及未来的可能性。当判断现有赛道没有显著优势时，企业就需要迅速切换赛道，以 AI 生成式营销赋能，在新赛道实现爆发式增长，赢得竞争的主动权。

2.1　换道超车才能绝处逢生

　　传统营销正在进入"高投入、低回报"的死循环。流量贵，竞争大，品牌拼死厮杀，却往往发现努力白费，收效甚微。真正的增长不是在红海市场里硬拼，而是精准洞察趋势，找到新的机会点。AI 生成式营销正是这样的换道工具，它能帮助品牌精准定位用户，优化营销成本，实现品效合一。

AI 生成式营销是通过大数据分析、自然语言处理、深度学习等手段，自动生成营销内容、优化广告投放、提升用户互动体验的一种全新营销方式。它不仅能够提高营销效率，还能有效降低成本，帮助品牌在竞争激烈的市场环境中找到新的增长点。

以下将从 3 个维度切入，逐个解析换道超车的有效做法。

2.1.1 红海拼杀破局之道：AI 帮助你找到新的机会点

传统营销的打法大多围绕"砸钱买流量"展开，即通过投放大量广告吸引用户关注，从而推动产品销售。这种方式在过去的流量红利时代确实行之有效，许多品牌凭借大规模的广告迅速抢占市场。然而，随着市场环境的变化，这种模式正变得越来越低效，甚至可能成为品牌增长的桎梏。

首先，投放成本的持续上升已成为品牌营销的一大痛点。过去，由于互联网平台的发展，流量获取成本较低，企业能够通过精准投放快速获取大量新用户。如今，流量红利已经见顶，获客成本大幅攀升。有数据显示，获取一个新用户的成本已经是 5 年前的 5 倍甚至更高。

其次，渠道竞争日趋激烈，导致品牌扎堆在同一平台争夺用户注意力，形成了高度同质化的市场环境。无论是社交媒体上的短视频广告，还是电商平台的营销推广，品牌普遍采用类似的内容策略，导致用户在短时间内接收到大量相似的信息，进而产生审美疲劳。内容的雷同不仅降低了用户的兴趣，还让品牌难以形成差异化认知，削弱了品牌的独特价值。

此外，在信息碎片化的时代，用户的注意力被无限分散，导致品牌的用户触达难度显著提升。如今，用户每天会接触大量的信息，包括社交媒体上的推送、短视频、公众号文章、直播带货等，他们的注意力往往只停留在最感兴趣的内容上。而传统的广告模式，如硬广投放、信息流广告等往往缺乏足够的吸引力，导致用户对广告信息产生抵触心理，甚至直接跳过。

在这样的市场环境下，品牌如果仍然依赖单纯的"砸钱买流量"打法，无疑是饮鸩止渴。传统的投放模式不仅成本高昂、效果下降，还可能让品牌陷入增长瓶颈。

1. AI 如何帮助品牌精准换道

在当今信息爆炸的时代，市场竞争日益激烈，品牌要想在众多竞争者中脱颖而出，精准洞察市场趋势至关重要。过去，企业往往依赖传统的市场调研方法，如用户问卷调查、焦点小组访谈、行业报告分析等。这些方式虽然有效，但数据收集周期长、成本高昂，且容易受到样本局限性的影响，难以实时捕捉市场变化。而 AI 的兴起彻底改变了这种局面，让品牌能够以前所未有的速度和精准度洞察市场趋势并挖掘潜在的蓝海机会。

AI 的强大之处在于它能够整合并分析海量数据，包括社交媒体上的讨论热点、搜索引擎的关键词趋势、电商平台的销量变化、用户的购买习惯、内容互动数据等。这些数据往往碎片化且庞大，传统数据分析手段难以快速提炼有价值的信息，而 AI 可以通过机器学习、自然语言处理（NLP）、深度学习等技术精准识别其中的趋势和模式，从而帮助品牌抢占市场先机。

首先，AI 可以深度挖掘社交媒体上的用户行为。如今，社交媒体已成为用户获取信息、分享观点、表达需求的重要平台，用户的点赞、评论、分享、讨论内容等都是极具价值的市场信号。AI 可以通过语义分析，快速识别社交平台上某个话题的热度上升趋势，判断哪些产品概念、功能特点、品牌风格最受欢迎。例如，当某种成分在护肤领域突然被频繁讨论时，AI 能够迅速捕捉到这个信号，并建议品牌提前布局相关产品，抢占市场先机。

其次，AI 可以基于搜索数据精准预测用户的需求变化。用户的搜索行为反映了他们当前的兴趣和购买意向。例如，某个新兴品类的搜索量在短时间内激增，可能意味着这个市场正在快速崛起。AI 能够对搜索引擎的大数据进行分析，追踪关键词的变化趋势，判断哪些细分领域正在成为新的增长点。例如，在家电行业，如果"智能空气净化器"这个关键词的搜索量逐月上升，那么相关品牌可以提前优化产品线，布局针对性营销策略，以满足即将爆发的市场需求。

此外，AI 还可以通过用户行为分析，精准识别潜在的蓝海市场。电商平台、App 应用、智能设备等，都在记录用户的点击、浏览、收藏、购买、退货等行为数据。这些数据反映了用户的真实偏好，而 AI 可以通过模式识别技术，从海量数据中提炼出尚未被充分满足的需求。例如，AI 可能会发现某类产品的相关搜索很多，但实际可选商品较少，或者某个功能在用户评价中被频繁提及，但市场上的产品普遍未能满足，这就意味着存在蓝海机会。品牌可以针对这些市场空白点，迅速推出满足用户需求的产品，实现差异化竞争。

总而言之，AI 的大数据分析能力为品牌提供了一种全新的市场洞察方式，让企业能够从社交媒体、搜索数据、用户行为等多维度精准把握趋势，发现尚未被充分开发的市场机会。在这个变化迅速的商业环境中，利用 AI 进行市场分析，不仅能帮助企业降低决策风险，还能提升产品和营销策略的精准度，最终实现高效增长。

2. AI 如何实现内容匹配

在数字化营销的新时代，AI 正以前所未有的速度重塑品牌与用户的沟通方式。传统的营销内容往往依赖人工策划和制作，从选题、撰写到分发，整个流程需要大量时间和人力资源。然而，随着信息量的急剧增长，用户的注意力越来越分散，品牌如果仍然采用单一、千篇一律的内容，往往难以真正触达目标受众，更别提实现有效转化。因此，AI 内容匹配成为破解这个难题的重要手段，它能够自动生成不同风格的营销内容，并根据用户的兴趣、行为数据进行精准推送，从而极大地提升营销的精准度和转化率。

　　AI 内容匹配的核心在于个性化推荐，即利用大数据和机器学习技术分析用户的兴趣偏好、历史浏览记录、社交互动行为等，从而推测他们可能感兴趣的内容并进行智能推送。它的工作流程大致如下。

- 数据收集与分析：AI 会从多个渠道收集用户数据，包括社交媒体互动、电商购物记录、网站浏览轨迹等，并结合用户的年龄、性别、地域等基本信息形成完整的用户画像。
- 内容生成：基于不同用户群体的偏好，AI 可以自动生成符合其需求的内容，如短视频、文章、产品推荐文案等。生成内容的风格可以根据不同用户做出调整。例如，对年轻用户推送更具潮流感的文案，而对商务人士提供更专业的信息。
- 智能分发与优化：AI 会基于用户的实时行为反馈（如点击率、停留时间、转化率等），不断优化内容推荐策略，使每位用户接收到最符合其兴趣的内容。

案例 1：电商平台的智能推荐

　　像亚马逊、淘宝、京东等电商平台早已广泛应用 AI 内容匹配技术。当用户浏览某个产品时，AI 会分析其购买意向，并在首页、推送通知或邮件中推荐相关产品，同时优化产品描述和广告语，使其更具吸引力。例如，用户经常搜索智能穿戴设备，平台可能会推送最新的智能手表评测文章、促销信息，甚至是基于用户需求调整的个性化产品推荐，从而提升成交率。

案例 2：AI 在社交媒体营销中的应用

短视频平台如抖音（海外叫 TikTok）等也依赖智能推荐算法优化用户体验。品牌可以利用 AI 分析用户的点赞、评论、分享等数据，为其推送高度相关的视频内容。例如，对健身感兴趣的用户可能会收到更多关于健身器材、营养补充剂的广告，而不是与其兴趣无关的内容。这种精准匹配的方式使品牌的广告投放更加高效，避免了无效曝光，真正实现千人千面的内容分发。

AI 内容匹配的价值不仅在于提升营销效率，更在于它能够让品牌与用户建立更深层次的连接。传统的大水漫灌式营销已经无法满足个性化消费需求，而 AI 的智能匹配能力使品牌能够提供更精准、更具吸引力的内容，从而提高用户体验和品牌忠诚度。未来随着 AI 技术的不断进化，它在内容营销领域的应用将更加广泛，帮助品牌实现更加精准、可持续的增长。

3. AI 如何预测用户的潜在需求

基于机器学习模型，AI 可以预测用户的兴趣偏好，为品牌抢占先机。

在当今高度竞争的市场环境中，品牌要想持续增长，单纯依靠过去的市场调研和用户反馈已经远远不够。传统的市场调研往往存在滞后性，企业通常是在用户需求已经明显浮现后才进行产品研发和营销布局，这就意味着品牌在竞争激烈的市场中很可能错失先机。而 AI 的发展，尤其是基于机器学习模型的应用，为品牌提供了一种全新的预测工具，使其能够提前识别潜在的用户需求，在竞争对手行动之前完成市场布局，从而占据有利位置。

AI 预测用户需求的核心在于其强大的数据处理能力和深度学习算法。通过对大量用户数据的分析，AI 可以发现传统方法难以察觉的趋势，并利用这些洞察帮助品牌做出更精准的市场决策。

案例 1：可口可乐的 AI 市场预测

可口可乐公司利用 AI 分析社交媒体上的饮料趋势，发现用户对健康、低糖饮料的需求不断上升。基于这个预测，可口可乐公司推出了一系列低糖和无糖版本的饮料，如"可口可乐 Zero Sugar"。这个产品迅速获得市场认可，成功吸引了对健康饮食有需求的用户，避免了品牌在健康饮食趋势中被边缘化的风险。

案例 2：亚马逊的"预测性发货"

亚马逊的 AI 系统不仅用于推荐产品，还能通过用户的购买行为预测其下一步可能需要的产品。例如，AI 系统可能会识别到某位用户在过去几个月频繁购买母婴产品，便会预测这位用户可能即将需要婴儿辅食，并提前准备相关库存，甚至在某些情况下直接将产品发往离用户最近的仓库，以实现更快的配送服务。这种 AI 驱动的策略使亚马逊在用户需求浮现之前就做好准备，提高了用户体验，同时也提升了销售转化率。

2.1.2 AI 时代不是比努力，而是比算法

AI 时代，品牌营销的竞争逻辑已经发生了根本性的转变。过去，传统品牌的竞争主要依赖人力资源和庞大的营销预算，通过花钱买流量、聘请明星代言、铺设广告渠道等方式占领市场。然而，随着流量红利的消失、用户注意力的分散及用户决策链路的复杂化，单纯依靠人力和预算的方式越来越难以为品牌带来持续的增长。如今，品牌的竞争不再只是比拼谁花的钱多，而是比拼谁的算法更精准，谁的营销效率更高。

1. 预算再多，投放不精准，流量终究会被消耗殆尽

许多传统品牌在流量时代的惯性思维是"有钱就能买到增长"，于是他们花费巨额资金在各类投放渠道上，如社交媒体广告、搜索引擎推广、KOL 合作等。然而，如果广告投放不精准，内容不匹配目标用户的需求，即使再多的预算也只是一次性买来了曝光，转化率依然低迷。很多品牌都会遇到以下困境。

- 广告成本逐年攀升：同样的广告投放，获客成本相比 5 年前增加了 3 ~ 5 倍。
- 转化率下降：流量虽多，但有效用户有限；广告点击率高，但最终成交量低。
- 用户忠诚度下降：单次转化后缺乏精准运营，复购率低，难以形成用户资产。

2. AI 拼的是算法和效率

相对于传统品牌依赖大规模投放获取流量，AI 更注重精准算法和高效营销，通过智能数据分析、个性化推荐提升转化效率。AI 在品牌营销中的应用主要体现在以下几个方面。

- 精准用户画像：AI 可以通过分析用户的行为数据、兴趣偏好、浏览历史，建立精准的用户画像，从而帮助品牌确定哪些用户是潜在高价值用户。
- 智能内容匹配：传统广告投放往往是千篇一律，同一套广告投放给所有人，而 AI 则可以基于个性化算法，为不同用户定制不同的营销内容。例如，电商平台可以根据用户的购买历史推荐定制化广告，而短视频平台可以根据用户观看偏好自动生成个性化广告短片，从而提升用户参与度和转化率。

案例：AI 赋能某 3C 品牌，实现投放效率翻倍

某知名 3C 数码品牌曾在传统营销模式下依赖大规模广告投放，但流量转化效果不佳。后来，该品牌引入 AI 技术，通过以下方式优化营销。

- AI 数据分析：分析用户搜索和购买数据，发现"高性价比＋续航长"的关键词在目标人群中热度上升。
- 智能内容生产：AI 自动生成针对不同用户需求的广告素材。例如，针对学生用户强调便携性，针对商务人士强调高效办公体验。

✦ **精准投放**：利用 AI 算法，广告优先投放给高意向用户，而非广撒网式投放。

最终，该品牌的广告转化率提升了 60%，广告投放成本下降了 30%，营销 ROI 实现翻倍增长。

2.1.3　AI 赋能：智能时代的增长新路径

在传统营销模式中，品牌往往依靠大量广告投放、大规模市场推广、明星代言等方式获取流量和销量。然而，随着获客成本持续上升、用户注意力日益分散，仅靠"砸钱"的方式已经难以为继。相比之下，AI 营销的智能化、自动化、个性化特性正在帮助品牌以更低的成本撬动更高效的增长。

AI 赋能的营销策略可以从社交裂变、私域流量、KOL 营销三大方面入手，利用智能算法和数据分析提升营销效果，让品牌用更少的预算获得更大的回报。

1. AI+ 社交裂变：个性化内容提升社交分享效果

社交裂变是品牌获取自然流量的重要方式，如拼团、分享有礼、好友助力等模式，但传统裂变营销存在以下 2 个主要问题。

- 内容同质化，难以吸引用户：很多品牌的社交裂变活动采用千篇一律的推广文案和图片，无法真正触动用户，引发分享。
- 裂变路径复杂，流失率高：有些裂变活动的门槛较高，用户需要邀请多个好友才能获得奖励，导致参与率低，裂变效果有限。

AI 可以结合用户个性化数据，生成定制化的营销内容，提高用户分享意愿，同时优化裂变路径，降低流失率。

- AI 文案生成：定制不同风格的推广文案，让分享内容更具吸引力。
- AI 视觉生成：制作专属海报，甚至结合用户头像、个性化昵称增强传播力。
- 智能优化裂变路径：分析用户行为，自动调整分享门槛，降低流失率，提高传播效率。

案例：AI 如何助力教育行业裂变增长

某在线英语学习平台利用 AI 优化裂变策略。AI 根据用户的学习兴趣生成不同风格的个性化分享海报（如商务英语、口语速成、少儿英语等），并提供语音生成功能，让用户可以直接录制语音邀请好友。最终，该裂变活动的转化率提升了 45%，用户分享意愿增加了 60%。

2. AI+ 私域流量：智能聊天机器人提高私域转化率

私域流量的核心在于精细化运营和高效转化，但很多品牌的私域营销面临以下问题。

- 人工客服成本高：需要大量人工客服维系用户，效率低，成本高。

- 用户互动率低：社群或公众号粉丝沉默，不愿意主动互动，影响转化。
- 内容推送同质化：无法精准识别用户需求，导致推送的内容不够精准，影响用户体验。

AI 通过智能客服、个性化推荐、用户数据分析，帮助品牌提升私域营销的运营效率。

- AI 客服：AI 聊天机器人可以 24 小时在线回复，快速解答用户的疑问，提高转化率。
- AI 用户画像分析：AI 分析用户的历史聊天记录、购买行为，精准推荐最合适的产品或服务。
- AI 内容推送：AI 自动识别用户需求，推送个性化营销内容，提高互动率。

案例：AI 如何提升美妆行业的私域转化

某护肤品牌在微信社群运营中引入 AI 助手，可以根据用户的皮肤测试结果自动推荐合适的护肤产品，并且智能回答与护肤相关的问题。同时，AI 还能识别用户的活跃度，针对低活跃用户推送促销信息，针对高活跃用户提供额外福利。最终，该品牌的私域转化率提升了 30%，客服成本降低了 50%。

3. AI+KOL 营销：AI 精准匹配 KOL，提高带货 ROI

KOL 营销是目前品牌推广的重要方式，但很多品牌在与

KOL 合作的过程中遇到了以下挑战。

- 投放 ROI 难以预测：很多品牌依靠人工筛选 KOL，缺乏数据支持，导致投放效果不稳定。
- KOL 匹配不精准：部分品牌选择了流量大但粉丝画像不匹配的 KOL，导致投放效果不佳。
- 内容质量参差不齐：KOL 的内容创作能力参差不齐，可能会影响品牌调性。

AI 可以通过大数据分析、内容生成、精准匹配等方式提升 KOL 营销的效率和 ROI。

- AI 筛选 KOL：AI 分析 KOL 的粉丝画像、以往推广数据，匹配最适合品牌的 KOL。
- AI 辅助内容创作：AI 可以提供高转化率的广告文案，辅助 KOL 制作更符合品牌需求的推广内容。
- AI 实时数据监测：AI 实时跟踪 KOL 投放效果，调整推广策略，优化 ROI。

案例：AI 如何优化母婴行业的 KOL 投放

某母婴品牌过去依靠人工筛选母婴 KOL，但投放效果参差不齐。引入 AI 后，AI 分析了 KOL 的粉丝活跃度、互动率、母婴产品的以往推广效果，筛选出粉丝黏性更高的 KOL 进行合作，并自动生成个性化推广文案。最终，该品牌的 KOL 投放 ROI 提升了 60%，获客成本降低了 40%。

2.2 赛道诊断：基于市场及趋势判断

在商业世界中，选择正确的赛道至关重要。很多创业者或品牌在进入市场时，往往凭借个人直觉或短期市场热度做出决策，结果往往事倍功半。真正聪明的商业决策需要基于数据、趋势和市场洞察精准判断赛道是否值得进入。

如何精准判断一个赛道是否值得进入呢？以下是关键考量因素。

2.2.1 市场需求趋势

市场需求趋势决定了所选赛道的长期增长潜力。我们可以从以下 2 个核心问题入手进行分析。

1.目标市场的需求是否在增长

一个行业或品类是否值得进入，首要判断标准即市场需求是否处于上升通道。如果市场规模不断扩大，意味着行业处于增长周期，能容纳更多的品牌参与竞争。如果市场需求已经趋于饱和或下降，那么无论产品有多么好，品牌进入后也会面临激烈的竞争和增长瓶颈。

市场增长趋势可以通过 3 类数据进行诊断，如表 2-1 所示。

表 2-1 市场增长趋势诊断

诊断方法	具体内容
行业数据	关注市场规模变化，如行业年复合增长率（CAGR）。如果过去 3 ~ 5 年保持正向增长，说明市场仍有潜力。参考相关机构发布的行业报告，如艾瑞、CBNData、麦肯锡等提供的市场趋势研究
用户搜索趋势	借助 Google Trends、百度指数、抖音指数、小红书趋势等工具，观察目标品类的搜索量是否呈现增长态势。如果某个关键词（如"防脱洗发水"）的搜索热度持续上升，说明该需求在增长
竞品发展情况	观察头部品牌的销售数据，如电商平台的销售额是否增长。关注新兴品牌的融资情况，资本流向往往是赛道前景的风向标

案例：宠物食品行业的崛起

以宠物食品行业为例。过去 10 年，中国宠物市场从一个小众赛道成长为一个千亿元级产业。2015 年时，市场上只有少数进口品牌占据主流。但随着城市养宠人群增长及消费升级，越来越多的国产品牌进入市场。艾瑞数据显示，2020—2025 年，中国宠物食品行业年复合增长率（CAGR）超过 20%，多个品牌如"未卡""疯狂小狗"迅速崛起。

这个案例说明，如果目标市场的用户数量在增长，且人均消费金额在提升，那么这个市场值得进入。

2. 细分市场是否有未被满足的空白

即使一个行业的整体需求在增长，仍然需要找到尚未被完全满足的细分市场，才能降低竞争压力，提高市场切入成功率。判断一个细分市场是否还有机会，要看这个市场的空白程度。我们可以从竞品分析、用户痛点调研、国际市场对比 3 个维度的数据进行分析，如表 2-2 所示。

表 2-2　市场空白程度诊断

诊断方法	具体内容
竞品分析	观察市场上已有品牌的产品定位，是否存在相对集中的竞争区间。如果大多数品牌都在争夺高端市场，而中端或个性化需求未被满足，这可能是一个突破口
用户痛点调研	通过社交媒体（如小红书、知乎、微博等）分析用户对竞品的吐槽，找出现有市场的短板。例如，"市面上的低脂即食食品选择太少""高端护肤品抗衰效果不明显"等都是可能的市场空白点
国际市场对比	观察国外市场是否已经出现新的产品趋势，但国内还未普及。例如，韩国的"发酵护肤品"在近几年才进入中国市场，成为新的细分增长点

案例：无糖饮料市场的爆发

2017 年以前，中国的饮料市场以含糖饮料（如可乐、果汁等）为主，而无糖饮料的市场占比不足 5%。但随着健康饮食理念的普及，以及用户对低糖食品的需求提升，市场上逐渐出现无糖茶饮、气泡水等新品类。元气森林敏锐捕捉到了这个市场空白，推出零糖气泡水并迅速成为市场黑马。

这个案例说明，即使市场大盘稳定，如果能够精准找到未被满足的需求，并提供针对性的产品解决方案，也可以在细分市场快速崛起。

2.2.2　竞争格局分析

在决定是否进入一个市场时，对竞争格局的分析至关重要。即使市场需求旺盛，如果竞争过于激烈，或者存在较高的进入壁垒，那么新进入者很可能会面临高额的获客成本、低利润率，甚至难以生存的困境。因此，在决定入局前，我们需要重点关注现有竞争对手的强度及是否存在进入壁垒。

1. 现有竞争对手的强度如何

任何行业都不可能没有竞争，关键在于现有竞争对手的实力如何，以及新品牌是否有机会在其中找到生存空间。

对市场竞争的评估可采用以下方法。

（1）市场集中度（CR 值）

通过行业报告或公开数据分析市场前几大品牌的市场占有率。如果前五大品牌合计占据90%以上的市场份额（CR5>90%），说明市场竞争极度集中，新品牌较难撼动头部玩家。

（2）品牌忠诚度

观察用户对现有品牌的忠诚度，评估行业进入难度。

- 高品牌忠诚度行业。例如，在高端护肤品市场，La Mer（海蓝之谜）、SK-II 等品牌已建立深厚的用户认知，新品牌需要投入巨大的营销成本才能突破。

- 低品牌忠诚度行业。例如，在新式茶饮市场，用户更愿意尝试新品牌，因此市场竞争较为开放，新品牌更容易突围。

（3）差异化竞争空间

评估头部品牌是否已满足所有主流需求，是否仍有未被覆盖的市场空白。

案例：新能源汽车行业的竞争格局

2023 年，全球新能源汽车市场的头部玩家包括特斯拉、比亚迪、大众、小鹏、蔚来等，其中特斯拉和比亚迪占据了相当大的市场份额。但即便如此，仍然有新品牌如极氪、AITO 问界、深蓝汽车等不断进入市场。因为这些新品牌发现了一些主流品牌未能完全满足的需求，如智能座舱体验、续航优化、充电便捷性等。因此，即使竞争激烈，新能源汽车市场仍然存在机会点，只要找到差异化定位，就可以在强势品牌中找到突破口。

2. 是否存在进入壁垒

即使一个市场有潜力，如果进入壁垒过高，新品牌依然很难立足。进入壁垒可以是资金壁垒、技术壁垒、供应链壁垒、品牌壁垒甚至法律和政策壁垒，这些因素决定了市场的新进入者能否真正成功。

（1）资金壁垒

进入某些行业需要巨额资本投资。例如，在半导体行业，芯片制造动辄需要上百亿元资金投入，创业公司难以承担。

DTC（Direct-to-Consumer）品牌模式可以绕开传统渠道，以较低成本进入市场。

（2）技术壁垒

部分行业对技术的依赖度极高，如医药、生物科技、芯片制造等，如果新进入者无足够的技术积累，成功率极低。

在技术壁垒较低的行业，如食品饮料，新品牌更容易进入市场。

（3）供应链壁垒

部分行业的供应链高度依赖核心企业。例如，智能手机行业需要高端芯片和屏幕资源，新品牌难以获取同等供应链支持。

在供应链较开放的行业，如服装行业，新品牌更容易找到突破口。

（4）品牌壁垒

高端奢侈品行业的品牌壁垒极高，新品牌难以撼动已有品牌的市场地位。

在日用品、食品饮料等行业，品牌壁垒相对较低，新品牌可以通过社交媒体营销快速打开市场。

（5）法律和政策壁垒

需要政府许可或受严格法规限制的行业，如烟草、医疗器械、药品等，合规成本高，市场进入门槛极高。

在电商、服饰、美妆等行业，法律门槛较低，新品牌进入相对容易。

案例：医美行业的进入壁垒

近年来，医美行业发展迅速，但进入门槛极高。

✦ 技术壁垒：需要专业医生和医疗设备，非专业机构难以进入。

✦ 合规壁垒：需要医疗资质和经营许可，否则无法合法经营。

✦ 品牌壁垒：用户更倾向于选择有多年经验的机构，新品牌信任度较低。

因此，虽然医美市场需求旺盛，但对于普通创业者而言，想要进入这个市场并非易事。

综上所述，判断细分赛道的进入机会，可以参考表 2-3 所示的维度和指标。

表 2-3　赛道诊断分析

维度	指标	高	中	低
对手强度	市场集中度（CR 值）			
	品牌忠诚度			
	差异化竞争空间			

（续表）

维度	指标	高	中	低
进入壁垒	资金壁垒			
	技术壁垒			
	供应链壁垒			
	品牌壁垒			
	法律和政策壁垒			

2.2.3 用户行为洞察

在判断一个市场是否值得进入时，用户行为洞察是关键。市场再大，竞争再少，如果不了解目标用户的消费习惯、需求和痛点，就很难真正打动他们。用户洞察不仅能帮助品牌找到精准的市场切入点，也能降低营销成本，提高产品转化率。那么，我们应该如何分析目标用户的消费行为，又如何挖掘用户的痛点和需求呢？

1. 目标用户的消费习惯如何

不同人群的消费习惯差异极大，年龄、收入、地域、文化背景、生活方式等因素都会影响用户的购买决策。因此，分析目标用户的消费习惯，可以帮助品牌找到最佳的营销方式和产品定位，具体维度如表 2-4 所示。

表 2-4　目标用户的消费习惯分析

维度	描述
渠道偏好	
决策流程	
价格敏感度	
品牌忠诚度	

2. 目标用户的痛点是什么

了解目标用户的痛点，才能提供真正有价值的产品或服务。许多失败的创业项目不是因为市场不存在，而是因为没有精准解决用户的核心需求。

如何挖掘目标用户的痛点呢？我们可以通过以下 3 个途径。

- 通过社交媒体和社区观察。
- 分析用户评论和反馈。
- 用户深度访谈和问卷调查。

案例：即食燕窝的市场痛点挖掘

在高端滋补品市场，燕窝一直是一个高价值品类，但传统燕窝存在炖煮烦琐、食用麻烦、无法即时享用等痛点。

✦ 需求：很多年轻女性有养生需求，但工作忙碌，没时间自己炖燕窝。

✦ 痛点：传统燕窝市场没有方便食用的产品形态。

于是, 小仙炖推出了即食鲜炖燕窝, 并结合直播、KOL 推荐、社交裂变迅速打开市场, 成为行业领先品牌。

这个案例说明, 哪怕是传统行业, 只要精准洞察到用户痛点, 找到合适的产品创新点, 就能在竞争中突围。

2.2.4 成本与回报评估

在决定进入一个市场之前, 成本与回报评估是一个至关重要的考量因素。无论多么有潜力的市场, 如果投入成本过高, 回报周期过长, 或者盈利空间有限, 都可能让企业陷入长期亏损甚至失败。因此, 在分析市场时, 我们必须慎重计算进入成本, 并综合评估预期回报, 确保投入产出比是合理的。

那么, 如何评估进入一个市场的成本呢? 回报预期又该如何计算? 我们可以从以下几个方面展开分析。

1. 研发与产品成本

某些市场对研发和产品质量的要求极高, 如生物医药、新能源、半导体等行业。进入这些行业的前期投入巨大, 且研发周期长, 不确定性强。

2. 供应链与生产成本

供应链的稳定性决定了一个市场是否容易进入。例如, 新能源汽车行业虽然市场需求旺盛, 但由于电池技术、芯片短缺等供应链问题, 许多新玩家难以进入。而轻量化电商或知识付费类市场由于生产成本低，进入门槛更低，适合小企业或创业者布局。

3. 营销与推广成本

某些行业的营销成本极高，如护肤品、彩妆、3C 数码产品，需要通过大量广告投放、KOL 带货、直播电商等方式获取流量。如果一个新品牌缺乏足够的营销预算，就很难在竞争激烈的市场中突围。

案例：智能家居与低成本在线教育

（1）智能家居市场

某品牌想进入智能家居市场，发现行业的头部品牌（如华为、小米、欧瑞博）已经占据了大量市场份额，而智能家居产品需要强大的技术研发、长期市场教育和供应链整合，进入门槛极高，初创企业几乎无法与大品牌抗衡。

（2）低成本在线教育市场

相比之下，某创业团队选择做少儿编程在线课程，只需录制一套优质课程，通过"社群裂变＋低成本投放"的方式就能获取大量用户，前期投入较少，盈利模式清晰，短期即可实现正向收益。

即使行业有潜力，ROI 是否合理依然是一个核心问题。如果投资回报周期过长，或者行业利润率过低，即使前景广阔，也未必是一个适合进入的市场。

市场规模越大，成长速度越快，越容易获得高回报。例如，AI 生成式内容工具（如 AI 绘画、AI 文案生成）在短短几年内市场需求飙升，相关产品的市场接受度高，回报率大。相比之下，传统图书出版虽然市场稳定，但增长缓慢，利润空间受限，投资回报周期较长。

2.2.5　渠道和流量获取

在现代商业竞争中，流量是决定企业生存和发展的关键。无论产品多么优秀，如果无法获取足够的流量，或者流量成本过高，最终都会导致经营难以持续。因此，在评估一个市场是否值得进入时，渠道和流量获取的难易程度成为一个至关重要的考量因素。

那么，企业该如何分析市场的流量获取方式呢？又该如何判断能否以合理的成本获取足够的用户？

不同行业的流量来源各不相同，有些行业依赖社交媒体，有些行业依赖搜索引擎，还有些行业依赖线下流量或品牌影响力。分析流量来源可以帮助企业判断进入该市场的难度和可操作性。

- 搜索引擎流量（SEO、SEM）：例如，在线教育、知识付费、B2B 服务等行业，很多用户通过搜索引擎（如百度、Google）寻找信息，企业可以通过 SEO 优化或投放 SEM 广告获取流量。
- 社交媒体流量（抖音、小红书、Instagram）：一些行业更适合通过社交媒体获客，如美妆、健身、旅游、服装等。例如，短视频平台（抖音、快手）可以带来巨大的自然曝光，而小红书的种草内容可以大幅提升用户的购买意愿。

- 电商平台流量（天猫、亚马逊、拼多多）：对于消费品行业，电商平台流量是主要来源。但平台流量竞争激烈，投流成本高，因此如何获得自然流量（如店铺评分、用户评价、关键词排名）成为关键。

对于某些行业，线下流量仍然是主力。例如，餐饮行业依赖商圈、外卖平台的流量，家居建材行业需要依靠线下门店和体验式消费，企业服务行业则通过展会、行业峰会、线下沙龙等方式拓展客户资源。

即使流量渠道存在，如果获取流量的成本过高，ROI不合理，企业仍然难以盈利。因此，分析流量的竞争程度和获取难度是企业进入市场前必须评估的关键点。

如果一个市场的主流流量渠道已经被头部品牌垄断，那么进入难度极高。例如，手机市场的线上流量竞争激烈，头部品牌（苹果、华为、小米）掌控了大部分流量资源，新品牌很难通过投放撼动市场。但一些新兴市场，如宠物智能产品、智能家居等细分领域，流量竞争尚未白热化，新品牌仍有机会低成本获取流量。

一些市场具备较强的社交裂变和用户增长机制，企业可以实现低成本或零成本增长。

- 拼多多的社交裂变：鼓励用户邀请好友砍价，形成病毒式传播。

- **SaaS 软件的推荐机制**: Dropbox 早期通过 "邀请好友送存储空间" 策略,实现用户指数级增长。
- **健康类 App 的用户分享**: 很多运动类 App 鼓励用户打卡并分享到社交平台,从而带来自然增长。

综上所述,我们可以参考表 2-5 所示的评价模型对赛道进行选择。

表 2-5　赛道选择评价模型

序号	维度	参数	高	中	低
1	市场需求	空间规模			
2	竞争格局	进入难度			
3	用户行为	清晰程度			
4	成本和回报	利润空间			
5	渠道和流量	获取难度			

2.3　选择新赛道的 3 个步骤

找到新赛道后,如何验证新赛道的可行性? 我们需要分别从数据验证、需求挖掘和模式推演、低成本试运营 3 个关键步骤展开。

2.3.1 数据验证

在商业竞争日益激烈的市场环境下，找到一个新赛道只是第一步，更关键的是如何验证这个赛道是否真正具备发展潜力。如果没有充分的数据支持，盲目进入一个新赛道可能会导致高昂的试错成本。因此，在正式进入赛道前，进行科学的数据验证是确保赛道可行性的关键。数据验证可以从两个方面入手：市场数据分析和小规模试验。利用 AI 分析市场数据，评估赛道潜力。在当今数字化时代，AI 已经成为企业洞察市场的重要工具。过去，企业往往依赖经验判断或有限的市场调查来决策。而现在，AI 能够通过海量数据分析提供更精准的市场趋势预测和用户需求洞察。

1. 赛道的市场规模与增长趋势

要判断一个赛道是否值得进入，首先需要分析它的市场规模与增长趋势。AI 可以通过大数据分析行业报告、电商平台销售数据、社交媒体讨论热度等多维度信息，评估市场的发展潜力。例如，某健身品牌在进入智能健身镜市场之前，利用 AI 分析全球市场趋势，发现 2020 年后家庭健身需求激增，且社交媒体上关于智能健身设备的讨论量在过去一年增长了 150%。这个数据验证了市场需求的真实性，最终促使品牌决定进入该赛道。

2. 竞争格局与用户画像分析

市场虽有增长潜力，但如果竞争激烈，或者已经被头部品牌垄断，新玩家的机会就可能有限。因此，AI 可以帮助企业分析竞争对手的市场份额、产品优势和用户反馈。例如，某护肤品牌在推出 AI 定制护肤产品前，利用 AI 获取各大电商平台的用户评论，分析用户对现有护肤品的痛点，发现"精准匹配肤质的个性化护肤"是市场空白点，最终决定推出基于 AI 皮肤测试的定制化产品，避开了红海竞争。

即使市场数据看起来具有潜力，仍然需要通过小规模试验验证真实用户的需求和购买意愿。这个过程被称为最小可行性测试，即在低成本、低风险的情况下测试产品或服务的市场反应。

在投入大量资金正式生产或推广之前，企业可以通过预售方式测试用户是否愿意为产品买单。例如，某智能家居品牌在推出一款智能窗帘前，先在众筹平台进行预售测试。结果发现，原计划主打的智能语音控制功能的吸引力一般，而自动调节光线功能的关注度更高。因此，品牌在正式上市时调整了产品卖点，最终销量远超预期。

企业可以通过投放少量的社交媒体广告或短视频广告，测试目标用户的点击率、咨询率和购买意愿。例如，某健康食品品牌在推出高蛋白代餐时，通过 TikTok 和 Instagram 投放了几条广告，分别测试不同的卖点（如低卡路里、高蛋白）。结果显示，强调高蛋白的广告的点击率和购买转化率更高。因此，品牌调整营销策略，最终成功打开了市场。

线下零售或餐饮行业的企业可以在特定区域开设试点店铺，观察用户的实际反馈。例如，某新式茶饮品牌在全国扩张前，先在一线城市的几个商场开设快闪店，测试不同口味的受欢迎程度并收集用户反馈。最终，他们根据数据调整配方，优化了正式推出的菜单，大大降低了失败的风险。

2.3.2 需求挖掘和模式推演

找到一个具有市场潜力的新赛道后，接下来的关键是确定市场是否真的存在刚需，并深入挖掘目标用户的核心需求。许多企业失败的原因之一就是“自嗨式创新”——产品虽然功能强大，但市场并不需要。因此，精准洞察用户痛点，确保产品能够真正解决问题，是迈向成功的必经之路。

在这个过程中，我们可以通过用户调研和 AI 行为分析两种方式优化产品定位，提高市场适配度。

1. 深入调研用户痛点，确保市场有刚需

要确定目标市场是否存在刚需，企业需要通过各种方式获取真实的用户反馈，这比单纯的市场规模分析更重要。以下几种方法可以帮助企业精准识别用户痛点。

（1）通过与潜在用户直接对话，企业可以更深入地了解用户的需求、偏好，以及他们对现有市场产品的不满。例如，某母婴品牌在推出新型婴儿推车前，邀请了 100 位新手妈妈进行焦点小组讨论，结果发现大部分妈妈反映“推车太重，不方便单手折叠”，而这在市面上现有产品中并未得到很好的解决。因此，该品牌将“超轻便+一键折叠”作为核心卖点，最终迅速打开市场，

成为爆款产品。

（2）用户经常会在社交媒体、论坛、贴吧、知乎等平台上分享自己的需求和痛点。企业可以通过数据采集工具系统性地分析这些信息，从而获取市场洞察。例如，某宠物食品品牌在进入市场前，通过获取社交平台的宠物主讨论内容，发现很多用户抱怨现有狗粮容易导致宠物过敏，于是推出了"低致敏高蛋白狗粮"，并在推广中强调该特点，迅速吸引了大量精准用户。

（3）对竞争对手的用户评论进行分析，可以帮助企业找到市场空白点。例如，某智能学习设备品牌在分析现有电子词典的用户评论时，发现很多家长希望产品能有 AI 互动功能，帮助孩子更高效地学习。因此，该品牌研发了 AI 语音助手功能，让孩子可以与设备对话学习，从而在市场中形成差异化竞争力。

2. 用 AI 分析用户，优化产品设计和市场定位

在数字化时代，AI 技术可以帮助企业更加精准地分析用户行为，从而优化产品设计和市场定位。AI 的应用主要体现在以下几个方面。

（1）AI 可以分析电商平台、社交媒体、线下门店的消费数据，找到哪些人最可能成为产品的忠实用户。例如，某健康饮品品牌通过 AI 分析不同地区用户的购买数据，发现南方用户更偏好低糖口味，而北方用户更关注保健功能。因此，该品牌在南方推广"0 糖无添加"版本，在北方主推"高蛋白增强免疫力"版本，精准匹配了市场需求，销量增长了 30%。

（2）AI 可以监测社交平台的热点话题，捕捉用户的新需求，帮助企业及时调整策略。例如，某护肤品牌通过 AI 监测发现，近年来"纯净护肤"理念（无添加、无防腐剂）成为社交媒体热议的话题。因此，该品牌迅速调整产品配方，并在宣传时强调"无刺激成分"，成功吸引了大量关注成分的用户。

（3）通过 AI 算法分析用户偏好，可以为不同用户提供个性化推荐，提高复购率。例如，某在线教育平台通过 AI 分析用户的学习进度和兴趣，向不同的用户推荐不同的课程。结果表明，个性化推荐的课程比传统方式提高了 20% 的购买转化率。

在进行用户需求深度挖掘后，企业还需要结合自身的运营模式，先通过模拟推演的方式搭建框架、理顺逻辑，如传播模式、成交模式、发货模式、私域转化模式、私域运营模式等。

2.3.3　低成本试运营

企业完成了数据验证、需求挖掘和模式推演后，接下来要做的就是低成本试运营，即在正式大规模投入资源之前，通过小范围的市场测试验证产品在真实环境中的表现。这不仅能帮助企业规避风险，还能优化增长策略，确保未来投入的每一分钱都能带来最大的回报。

在数字化时代，AI 技术的应用让低成本试运营变得更加高效。企业可以利用 AI 生成内容、智能广告投放和数据分析，在短时间内完成市场测试，降低试错成本。在试运营阶段，企业不需要投入大量资金构建完整的品牌体系，而是可以利用 AI 工具快速生成营销内容，并通过精准投放，测试目标用户的真实反应。

过去，企业需要投入大量人力成本生产文案、广告素材、视频内容。而如今，AI 技术可以帮助企业快速生成各种营销内容，让试运营更高效、更低成本。例如，某新锐咖啡品牌在测试市场时并未直接铺设线下门店，而是先利用 AI 生成高质量的品牌宣传文案、社交媒体短视频，并通过 AI 辅助优化海报设计，快速在社交平台制造讨论话题。结果，品牌在短短两周内就吸引了上万用户关注，为后续的产品上市铺平了道路。

在试运营阶段，企业可以通过 AI 广告投放工具，以最小的预算找到精准受众，测试不同的产品定位和营销方案。例如，某美妆品牌结合 AI 投放策略，在 Facebook 和 Instagram 上测试了不同的广告版本，最终发现带有"天然成分 + 敏感肌"标签的广告的点击率最高。因此，该品牌在后续的正式推广中围绕"敏感肌友好"这个卖点展开宣传，成功击中了核心用户群体，最终实现了低成本快速破圈。

在验证了市场的初步反馈后，企业需要慎重考虑增长模式，确保未来的投入能够带来长期的回报。

1. 观察用户留存率，确保产品具备复购价值

许多企业在试运营阶段能够吸引大量用户，但一旦扩大规模，用户就流失得很快。这往往是因为产品本身并没有足够的复

购价值。因此，企业在试运营期间不仅要看拉新数据，更要关注留存率和复购率。例如，某健康食品品牌通过 AI 分析发现，首次购买用户的复购率仅有 15%，但参与品牌社群互动的用户复购率高达 50%。于是，该品牌在正式推广前先建立了一套完善的社群运营机制，确保用户能够持续参与，提高复购率。

2. 评估用户获取成本，调整获客渠道

企业在试运营期间必须计算用户获取成本（CAC），确保未来的商业模式具备可持续性。如果获客成本过高，则需要调整渠道，寻找更低成本的流量获取方式。例如，某订阅制宠物食品品牌在试运营阶段发现，社交媒体广告带来的用户获取成本过高，而通过 KOL 推荐和短视频营销的用户转化率更高。于是，该品牌在后续扩张时将重点转向 KOL 营销，成功降低了获客成本，提高了利润率。

第 3 章

全维场景：

品牌语系的 AI 模型

在 AI 营销时代，品牌的增长逻辑已经从广撒网转变为精细化运营。传统营销依赖大规模曝光，希望通过覆盖更多人群提高转化。但是，这种模式往往成本高昂，转化率却不尽如人意。

目标市场选择细分、聚类还是通用？一款产品是卖给一类人，还是结合不同的场景卖给不同的人？传统"定位"认为少就是多，细分市场要聚焦。在实战中，我们会发现任何一款产品面对不同的人群，在不同的场景中可能承载着完全不同的使用价值和情绪需求，这些场景和需求都是成立的。

例如，光明食品集团上海农场的"DHA"鸡蛋。一款富含DHA 的功能性鸡蛋有哪些需求场景？按照家庭生命周期细分，从备孕期、孕期、哺乳期、婴儿期、幼儿期、学龄前期、学龄期，到中考、高考、考研，再延展到职场甚至退休之后。大脑营养需求是一个全生命周期的需求。面对这样的情况，用传统定位逻辑和市场细分方法都会显示产品的销售空间。因此，品牌需要理解不同用户在不同场景下的心理诉求，才能精准匹配产品价值，让品牌的传播更具渗透力。

如何让品牌精准渗透目标人群？如何让产品在用户真实的生活片段中实现自然植入，而非生硬的广告推送？本章将从人群网

格化、场景立体化、样本生活化三大策略入手，构建品牌语系的
AI 模型，帮助企业实现营销效能的最大化。

3.1　人群网格化：找到精准用户，匹配人群需求

在流量红利逐渐消退的当下，品牌营销的逻辑正在发生深刻
的变革。从流量驱动到精准触达，企业竞争的关键已从单纯的曝
光获取转向对用户需求的深度洞察与高效转化。在这个趋势下，
传统基于人口统计学特征的用户画像方式已无法满足品牌对精准
营销的需求。年龄、性别、地域等静态属性固然提供了一定的参
考价值，但它们只是用户身份的表层标签，无法真正揭示用户的
深层次兴趣、行为偏好和购买动机。因此，在 AI 驱动的新营销
体系中，品牌需要借助智能技术，打造更加动态化、精细化的用
户网格体系，以实现营销策略的全面升级。

此外，AI 还能通过行为数据分析用户的决策链条，从而优化
营销路径。以智能家居行业为例，用户在购买智能音箱时往往会
经历多个接触点，先是在社交媒体上看到相关测评视频，随后浏
览品牌官网以了解具体参数，最终在电商平台查看用户评价后做
出决策。传统的营销方式通常会忽略这些跨平台的行为路径，而
AI 则能够利用数据串联这些信息，分析出用户的真实需求，并在
关键节点进行精准干预。例如，在用户多次搜索智能音箱但尚未
下单时，品牌可以通过 AI 自动推送一条关于"如何选择适合自

己的智能音箱"的指南，以强化其购买信心，从而提高转化率。

从品牌战略的角度来看，动态化的用户网格体系不仅优化了营销效率，也为品牌长期的用户资产管理提供了支撑。品牌不再是单次获取流量，而是通过持续的数据积累形成精准的人群标签，构建长期的用户关系。换句话说，品牌营销已从"广撒网、求转化"模式，转变为"精准理解、深度运营、人群细分、场景联动"的新范式。这不仅提升了用户体验，也让品牌营销更具穿透力，实现品效合一的增长闭环。

3.1.1 从静态画像到动态标签：用数据定义真实用户

在 AI 营销体系下，我们不再用单一标签给用户贴"死"标签，而是通过多维数据流动态刻画用户画像。

1. 兴趣偏好追踪：AI 驱动的精准用户洞察

在数字化营销时代，AI 的介入使品牌能够实时追踪用户的兴趣变化，并据此制定更加精准的营销策略。这种能力不仅提升了营销的转化率，还极大地优化了品牌与用户之间的互动体验。AI 兴趣追踪的核心在于数据的获取、分析与应用。当前，品牌主要通过以下三大类数据来源追踪用户的兴趣变化。

（1）浏览记录与搜索关键词

用户在互联网世界中的每一次点击、每一次搜索，都是他们兴趣变化的直接反映。例如，一位用户最近在电商平台上频繁搜索"户外露营装备"，很可能表明他正在筹备一场露营旅行。AI可以综合分析搜索频率、时间跨度、相关浏览页面等信息，判断该用户对露营的兴趣深度并预测其下一步行动。

（2）社交互动数据

用户在社交媒体上的行为，如点赞、评论、分享及关注，都能够反映其兴趣趋势。假设某位用户开始关注大量关于健康饮食的博主，并点赞了多个关于低碳水饮食的帖子，这可能意味着他正在调整自己的饮食习惯。AI可以基于这些社交行为，精准推荐相关的健康食品、健身课程或生活方式产品。

（3）消费记录与行为轨迹

购买行为是用户兴趣偏好最直接的体现。例如，某个用户近期在生鲜电商平台频繁购买高蛋白食品，而 AI 发现他在过去一个月的搜索记录和社交互动也与健身相关，那么品牌可以推测该用户可能正在进行健身训练，进而向其推荐运动补剂或专业健身装备。

案例：电商精准营销——户外露营装备的推荐策略

以户外运动品牌为例。假设某用户最近在多个平台上搜索"露营帐篷""便携式炉具""防水睡袋"等关键词，同时在社交媒体上点赞了多个露营攻略帖，甚至加入了露营爱好者社群。这一系列行为表明，该用户正处于露营需求的高峰期。此时，品牌可以通过 AI 系统识别该用户的兴趣偏好，并精准推送"新手露营装备指南""限时折扣露营套装""明星露营 KOL 种草视频"等个性化内容，提高用户的购买转化率。

2. 消费行为习惯：AI 精准匹配个性化需求

当下，用户的购物习惯不再是一刀切的模式，而是呈现高度个性化、多元化的趋势。以购买运动鞋为例，看似相同的消费需求，实际上蕴藏着截然不同的购买动机和决策逻辑。A 用户钟爱限量联名款，愿意为潮流和独特性买单；B 用户关注性价比，希望在预算范围内获取最高的使用价值；C 用户则青睐环保材质，对可持续发展和品牌的社会责任感兴趣。面对如此多元的用户偏好，品牌如何精准匹配用户需求，从而提升营销效率？这正是 AI 技术大显身手的地方。

消费行为的多层次解析体现在购买动机是因为理性还是感性。不同用户的购买决策受到理性和感性因素的双重影响。A 用户购买运动鞋时更看重产品的稀缺性、品牌影响力及潮流属性，这种消费行为往往受到社交影响——明星代言、社交媒体热度、朋友推荐等都可能成为促成交易的关键因素。相比之下，B 用户的购买决策则更偏向理性，他们更倾向于对比价格、查看产品性能，并权衡性价比。至于 C 用户，他们的购买决定受到个人价值观的驱动，品牌的可持续发展战略、环保材料的使用及产品的碳足迹都会成为他们考量的重要因素。

AI 可以强化消费数据分析。在传统的市场营销模式中，品牌往往通过简单的用户分层（如年龄、性别、地区）制定营销策略。然而，在大数据和 AI 技术的加持下，我们可以利用更丰富的数据维度，包括以下多个方面。

- 历史购买记录：分析用户购买的品牌、款式、价格区间等。
- 浏览行为：追踪用户在电商平台、社交媒体上的浏览习惯，如点赞、收藏、加入购物车等操作。
- 社交互动：分析用户在社交平台的互动情况，识别他们关注的 KOL 及他们的社交圈层。
- 内容偏好：通过用户的搜索记录、观看的短视频、阅读的文章等，进一步刻画他们的兴趣点。

基于这些数据，AI 能够精准区分"潮流玩家""务实消费者""环保主义者"等细分群体，并针对每个群体推送定制化的营销内容，提高转化率和用户体验。

3. 生命周期预测：精准把握用户需求的动态节奏

在数字营销的世界里，用户并非静止的个体，而是处于不断变化的发展周期中。从品牌与用户的互动来看，每位用户都有特定的生命周期轨迹，而不同阶段的用户需求存在显著差异。精准洞察并预测这个动态变化的过程是品牌实现高效营销的关键。

AI 技术的进步使生命周期预测成为可能。通过海量数据分析、深度学习与机器学习算法，AI 可以绘制出用户的生命周期曲线，从用户初次接触品牌到忠实用户的培养，每一个节点都能被量化和预测。品牌可以借助 AI 对用户的购买决策过程进行全方位解析，优化营销节奏，精准匹配不同阶段的用户需求，从而提升营销的转化率和 ROI。

一般而言，用户生命周期可以分为以下几个关键阶段。每个阶段的需求各不相同，品牌需要有针对性地制定营销策略。

（1）认知阶段（Awareness）

这是用户接触品牌的初始阶段，用户可能通过广告、社交媒体、口碑推荐等渠道了解到品牌信息。在这个阶段，用户关注的是产品的基础信息，如品牌故事、产品特点、核心价值等。因此，品牌需要采用内容营销、社交媒体推广、KOL 背书等方式进行种草。AI 可以通过用户兴趣分析、热点追踪、社交平台数据挖掘等手段，精准投放品牌信息，使品牌在目标受众中形成初步认知。

（2）兴趣阶段（Interest）

用户对品牌产生兴趣后，可能会进一步搜索相关信息，如产品测评、使用体验、用户反馈等。在这个阶段，品牌需要强化信任感，可以通过 AI 推荐系统提供个性化内容，如用户可能喜欢的产品推荐、智能客服解答、用户生成内容（UGC）展示等，增强用户对品牌的信赖感。

（3）购买决策阶段（Consideration）

经过对比和评估，用户进入购买决策阶段。此时，价格、促销信息、购买便捷性成为关键影响因素。AI 可以通过分析用户行为数据识别用户的购买意图，并通过定向优惠、个性化折扣、限时促销等方式推动用户下单。此外，AI 还能优化购买路径，提高用户体验，减少跳出率，提升成交率。

（4）复购与忠诚度培养阶段（Retention & Loyalty）

购买完成后，用户的生命周期并未终结。品牌需要持续维护与用户的关系，提升复购率，培养忠诚度。AI 可以通过分析用户的购买记录及行为偏好，制定个性化的会员权益、积分兑换、专属折扣等，提高用户黏性。同时，基于 AI 的精准推荐功能，品牌可以推送相关产品，形成持续消费。

（5）流失预警与召回阶段（Churn & Re-engagement）

并非所有用户都会一直保持活跃。一旦用户长时间未与品牌产生互动，便可能进入流失阶段。AI 可以通过数据建模识别高风险流失用户，并在流失前采取预警机制，如精准推送个性化优惠、提供升级版产品、发送情感化关怀信息等，挽回潜在流失用户，降低用户流失率。

AI 如何精准预测生命周期曲线？ AI 的核心能力在于数据分析与预测。通过整合多维度数据，如用户行为数据（点击、浏览、购买等）、社交互动数据（点赞、评论、分享等）、地理位置数据、时间趋势分析等，AI 可以建立用户生命周期曲线，并预测未来的行为趋势。

AI 在生命周期预测中的主要应用包括以下方面。

• 机器学习算法分析：基于历史数据建立预测模型，识别不同用户群体的生命周期特征。

- 深度学习推荐系统：通过用户行为分析，精准推荐符合当前生命周期阶段的产品和内容。
- 自然语言处理（NLP）：解析用户在社交媒体、评论区的反馈，判断用户需求和情感倾向。
- 实时动态调整营销策略：基于用户行为变化动态调整营销策略，如自动优化广告投放、推送精准内容等。

3.1.2 人群细分：精准划分不同圈层

用户的构成从来都不是一个单一的整体，而是由无数个兴趣圈层、行为偏好、社交习惯和消费需求交织而成的网状结构。在当今数字化时代，信息传播速度极快，用户的兴趣和消费模式变得更加个性化、碎片化。如果品牌依旧用传统的大众化营销思维覆盖所有用户，往往会面临低效传播甚至无效触达的困境。因此，品牌必须基于大数据分析，深入理解用户的构成，并进行更加精细化的人群分层，以提升营销的精准度与匹配度，从而实现更高效的转化。

品牌能够清晰地识别不同圈层的用户特征后，就可以基于这些细分群体的需求提供更加个性化的内容和营销方案。例如，对于追求潮流的年轻用户，品牌可以采用社交媒体种草、KOL 营销等方式触达；而对于追求实用价值的家庭用户，则可以通过口碑营销、真实用户案例、性价比策略影响其决策。不同的用户圈层，其关注点和需求点各不相同。精准分层可以让品牌在营销传播时做到信息的千人千面，实现最大化的营销效果。

在 AI 驱动的智能营销时代，品牌与用户的关系不再是单向的信息传递，而是基于数据的精准互动。通过不断优化用户分层体系，品牌可以更加精准地识别、触达、转化用户，从而在竞争激烈的市场环境中占据更有利的位置。

1. 核心用户和轻度用户：品牌营销中的双轨策略

在品牌营销的世界里，用户并非铁板一块，而是按照忠诚度、消费行为和社交传播影响力分成不同层级。核心用户和轻度用户便是其中最具代表性的两类。理解这两类用户的特性，并据此制定针对性的营销策略，品牌能在拉新与复购、忠诚度提升与市场扩张之间取得平衡。

核心用户往往是品牌的忠实拥趸，他们对品牌的认同感强，甚至将品牌与自己的身份认同挂钩。这类用户不仅会主动复购，还会成为品牌的"自来水"，在社交平台上自发为品牌背书，甚至在现实社交场合中影响他人决策。

核心用户具有以下特征。

- 高复购率：核心用户不仅愿意长期购买品牌产品，还可能会囤货或购买多个 SKU（库存单位）。
- 品牌忠诚度高：核心用户不会轻易因价格波动或市场竞争者的促销活动而更换品牌。
- 自传播属性强：核心用户乐于在社交媒体或社群中主动分享

品牌体验，包括产品测评、使用心得甚至品牌故事。

- 价值贡献高：核心用户不仅是品牌的直接消费贡献者，也可能间接带动身边人的消费行为，具有较高的 LTV（用户生命周期价值）。

基于以上特点，品牌应该在私域精细化运营上深耕，以强化核心用户的忠诚度，并让他们成为品牌的增长引擎。以下是一些具体的做法：

- 专属会员体系；
- 内容共创与共鸣；
- 社群运营；
- 定向激励机制。

与核心用户相比，轻度用户对品牌的认知较浅，他们的消费行为往往受到价格、社交舆论、市场趋势等外部因素的影响。他们可能因为促销活动、朋友推荐、社交媒体的种草内容而首次尝试某个品牌，却未必能成为品牌的长期用户。

轻度用户具有以下主要特征。

- 购买决策易受价格影响：轻度用户的购买往往建立在促销或折扣的基础上，未形成强烈的品牌忠诚度。
- 社交影响显著：轻度用户更倾向于在看到 KOL、KOC（Key Opinion Consumer，关键意见消费者）的推荐后才愿意尝试品牌产品。
- 体验至上：轻度用户往往需要一个极佳的首购体验，才能建立对品牌的长期信任。

针对轻度用户，品牌需要采取拉新与初次转化策略，以降低他们的决策成本，提高购买意愿。以下策略值得借鉴。

- 精准定向投放：通过社交媒体广告、达人种草、信息流广告等方式，让品牌产品精准触达目标人群，同时设计吸引人的首购福利。
- 试用装策略：推出低门槛的试用装或小包装产品，让轻度用户能够用较低的成本体验品牌的核心价值。
- 社交裂变玩法：利用拼团、好友助力、分享立减等机制，鼓励轻度用户拉新更多用户。
- 沉浸式品牌教育：通过短视频、直播、互动 H5 等方式，向轻度用户传递品牌故事、产品价值，让他们更有理由产生复购行为。

2. 功能导向和情感导向：精准匹配用户心智，实现高效营销

在当下竞争激烈的市场环境中，品牌营销不再只是简单地推广产品功能，而是要精准触达用户的真实需求，实现功能价值与情感价值的双向满足。对于用户而言，购买决策往往受到理性与感性的双重驱动，不同的用户群体对产品的关注点各不相同。有些人注重产品本身的实用性与效率（功能导向），而另一些人则更看重产品所带来的情感体验与使用氛围（情感导向）。品牌要想提升营销的精准度，必须深入理解这两种导向的用户心理，并

制定相应的内容策略。

功能导向型用户在做购买决策时通常更偏向于理性思考，他们关注产品的技术参数、性能表现、价格优势及能否提升生活或工作的效率。例如，在选购咖啡机时，这类用户更在意的是咖啡机的冲泡速度、研磨细度、温控系统、清洁便利性及能否一键操作。对于他们而言，产品能否最大限度地减少烦琐步骤、节约时间、提升工作效率是决定购买的核心因素。

在内容营销层面，针对功能导向型用户群体，品牌可以采用以下策略：

- 产品解析式内容；
- 用户痛点直击；
- 对比测评内容。

相比功能导向型用户，情感导向型用户的购买决策更倾向于感性因素，他们更关注产品所营造的氛围、使用时的愉悦感、社交属性及仪式感。例如，在购买咖啡机时，这类用户更在乎的是手冲咖啡的仪式感、咖啡的香气弥漫在空气中的治愈感，以及自己亲手冲泡咖啡的成就感。他们愿意花时间研究不同的咖啡豆、水温控制、手冲手法，以此享受整个过程所带来的满足感。

对于这一类用户，品牌可以通过以下策略进行内容营销：

- 故事化营销；
- UGC 激励；
- 联名及 IP 营销。

3. 兴趣圈层运营：解码 Z 世代消费决策的影响因子

在当今高度细分化的市场环境中，Z 世代的消费决策不再是单一的、线性的，而是被各种兴趣圈层深度塑造的。不同于以往的用户群体，Z 世代在成长过程中与数字化世界深度交融，他们不仅是互联网的原住民，更是社交媒体、短视频、游戏社区等多元兴趣生态的主导者。他们的消费偏好、购买决策及品牌忠诚度都深受所属兴趣圈层的影响。

简而言之，兴趣圈层是基于共同兴趣、爱好、价值观或文化认同而形成的社群。无论是户外运动、电竞、二次元，还是潮玩、复古文化、手账爱好等，每一个圈层都具有独特的语言体系、审美风格、沟通方式，以及影响消费行为的核心要素。品牌要想打入 Z 世代的消费决策体系，就必须精准理解各个兴趣圈层的运作逻辑，并针对性地优化营销策略。

兴趣圈层并非随机产生，而是基于个体长期积累的兴趣点、社交关系、生活方式和价值观念构建而成。在 Z 世代的社交网络中，兴趣不仅是一种个人喜好，更是一种身份认同。加入某个圈层意味着个体的自我表达，以及对群体归属感的追求。

兴趣圈层的形成通常受以下几个关键因素影响。

- 社交驱动：社交媒体、兴趣社区和 UGC 平台提供了圈层成员互动的空间，如小红书的种草文化、B 站的二次元交流社区、微博的粉丝圈层等。
- 内容共鸣：圈层文化通过内容传播强化成员的归属感。例如，某个户外探险博主分享的极限攀岩视频可能会吸引一批热爱挑战的年轻人加入探险圈层。

- 品牌共建：部分品牌会主动参与并塑造兴趣圈层。例如，耐克（Nike）通过跑步社群构建跑者文化，小米通过米粉社群强化品牌粉丝生态。

兴趣圈层不仅是社交互动的场所，更是影响消费行为的重要阵地。Z世代用户的购买决策往往受到圈层文化的引导，体现在以下几个方面。

- 产品功能偏好：不同圈层对产品的需求各不相同。例如，户外运动爱好者关注产品的耐用性和便携性，电竞玩家则更在意设备的性能和响应速度。
- 包装与审美：二次元圈层偏好日式动漫风格，潮流街头文化圈层则喜欢联名款和独特设计，这意味着品牌在包装设计上需要高度契合圈层审美。
- 传播方式：对于Z世代而言，传统广告已经无法激起他们的购买欲望，他们更信赖圈层内的KOL、KOC及真实的用户测评。

品牌如何针对性优化营销策略？面对兴趣圈层的深度影响，品牌不能再采用单一的营销方式，而是要基于不同圈层的需求制定精细化策略。

（1）产品匹配度优化

品牌需要精准洞察圈层用户的核心需求，并在产品层面进行优化。

- 户外圈层：强调高耐用性、极端环境适应性，品牌可以推出轻量化、多功能装备。例如，始祖鸟（Arc'teryx）的冲锋衣以极致性能赢得专业户外玩家的青睐。
- 电竞圈层：追求极限体验和专业性能，品牌可推出专属定制款。例如，雷蛇（Razer）为电竞玩家设计的高 DPI 鼠标、RGB 机械键盘。
- 二次元圈层：偏爱 IP 联名与定制化内容，品牌可以通过动漫联名产品获取关注。例如，优衣库（Uniqlo）推出的"鬼灭之刃"联名服饰。

（2）内容策略精准化

不同圈层偏好的内容形态有所不同，品牌需要有针对性地制定内容营销策略。

- UGC 激励机制：鼓励用户分享真实体验。例如，户外品牌 The North Face 鼓励用户在社交平台发布徒步探险经历，并通过话题挑战赛激发内容传播。
- 短视频传播：电竞圈层更倾向于观看游戏直播、短视频解说，品牌可以与游戏主播合作。例如，英特尔（Intel）与电竞主播共创内容，强化品牌科技感。
- 互动式营销：二次元圈层喜爱参与感强的互动。例如，泡泡玛特通过隐藏款盲盒玩法增强社群黏性，让用户主动分享开箱体验。

（3）渠道策略个性化

兴趣圈层的用户分布于不同的平台，品牌需要匹配适合的渠道进行触达。

- 微博/小红书：适用于二次元、潮玩、时尚圈层，品牌可以通过 KOL 种草策略实现病毒式传播。
- B 站/抖音：适用于电竞、科技、数码圈层，品牌可以通过深度测评视频吸引核心受众。
- 知乎：适用于专业性较强的圈层，品牌可以通过技术论坛、知识分享构建权威形象。

案例：Vans 如何深耕兴趣圈层营销

Vans 作为全球知名的滑板品牌，并非简单地销售鞋履，而是通过对兴趣圈层的精准运营建立了深厚的品牌文化。

- ✦ 产品契合度：Vans 的鞋履设计符合滑板运动的需求，采用耐磨防滑的鞋底，提高运动时的稳定性，满足圈层用户的实际需求。
- ✦ 内容策略：Vans 长期赞助极限运动赛事，如 Vans Park Series，同时邀请滑板手作为品牌代言人，打造圈层影响力。
- ✦ 社群运营：品牌在社交媒体上鼓励用户分享自己的滑板视频，并创建 VansFamily 社区，通过 UGC 内容持续吸引新用户。

最终，Vans 不仅成为滑板圈层的文化象征，也成功渗透到街头潮流文化圈层，扩展了品牌影响力。

综上所述，我们可以借助表 3-1 诊断自己的品牌用户人群。

表 3-1 人群网格化诊断表

维度	非常清晰	一般	不清晰
兴趣偏好			
消费习惯			
生命周期			
忠实用户构成			
购物动机倾向			
兴趣圈层运营			

3.2 场景立体化：让产品适配更多使用情境，增强 渗透力

用户购买产品的核心动机从来不是单纯为了拥有一个物品，而是为了在特定的使用场景中获得价值、满足需求、解决痛点，甚至体验某种情感共鸣。无论是购买一杯咖啡、一件衣服，还是一台智能设备，用户的决策过程往往与他们的生活方式、个性化需求和场景化体验紧密相连。

然而，许多品牌在营销过程中容易陷入产品思维的误区，即过度关注产品的功能、规格和技术优势，而忽略了用户真正关心的：产品在他们的生活中能够扮演什么角色，解决什么问题，带来什么样的情感价值。实际上，用户不会因为一款耳机的高频解

析度或降噪技术而冲动下单，而是因为它能够让他们在嘈杂的地铁里享受片刻宁静，在运动时获得更沉浸的音乐体验，或者在深夜加班时减少环境干扰，提高专注度。

这正是场景思维所强调的核心：品牌不应该只宣传产品本身，而是要将产品置于真实的使用环境中，让用户看到它如何融入自己的生活，如何在不同情境下创造更优质的体验。

因此，品牌在制定营销策略时需要超越传统的产品思维，深入挖掘目标人群的生活方式，精准洞察他们的消费动机，构建符合实际使用场景的品牌叙事。只有当产品能够自然地融入用户的生活情境，让他们感受到真实的价值与情感联结时，品牌才能真正占据用户的心智，实现更持久的市场影响力。

3.2.1 从单一场景到多维场景，拓展产品的应用边界

情境式营销可以打造沉浸式消费体验。在信息爆炸的时代，传统的产品宣传已经难以在用户心智中留下深刻印象。现代用户的购买决策不再只依赖产品本身的功能属性，而是受到更复杂的情感、体验和场景因素影响。情境式营销（Contextual Marketing）正是基于这一洞察，通过构建特定的消费场景，使用户在自然的环境中感知产品的独特价值，从而提升品牌认知度和购买意愿。

情境式营销的本质在于场景赋能，即通过塑造特定情境让用户自然而然地将产品与某种生活方式或情感需求关联起来。其核

心逻辑包括以下几个方面。

（1）情境塑造

构建与品牌调性匹配的消费场景，使用户能够在真实或模拟环境中体验产品。例如，可口可乐不只强调"解渴"这个基本功能，而是将自身与"派对""聚会"等社交场景深度绑定，使用户在快乐、分享的氛围中增强品牌联想。

（2）情感共鸣

通过场景的构建，引发用户的情感共鸣，使其对品牌产生认同感。例如，星巴克通过营造温馨的第三空间（The Third Place），让用户在门店感受到家与办公室之外的放松感，从而形成品牌忠诚度。

（3）行为触发

在合适的场景下引导用户采取购买行动。例如，在电影院播放爆米花广告，或者在健身房推广功能性饮料，使用户在特定情境下产生即时消费需求。

为了让情境式营销真正发挥作用，品牌需要精准洞察用户的行为模式，并结合多维度策略进行场景植入。

1. 常见的场景策略

（1）线下体验式营销

线下体验是情境式营销最直观的方式之一。品牌可以通过快闪店、沉浸式活动、品牌体验馆等形式，让用户亲身感受产品带来的价值。例如，耐克曾在纽约设立一座快闪店，用户需要通过运动完成一定的步数挑战才能购买限量版运动鞋。这种场景化的体验不仅增加了产品的稀缺性，还强化了品牌的运动精神。

（2）内容营销与社交媒体渗透

在数字化时代，社交媒体已经成为用户获取信息的主要渠道。品牌可以利用短视频、KOL 种草、UGC 等方式，在特定情境下展示产品的使用场景。例如，小红书上关于香氛的分享内容往往会结合"疗愈""放松""改善睡眠"等场景，使用户在阅读时能够自动代入自身需求，从而提升转化率。

（3）场景化电商营销

在电商平台，品牌可以通过场景化的页面设计、直播购物、AI 推荐等方式，让用户在购买过程中感受到产品的应用场景。例如，天猫旗舰店的美妆品牌通常会搭配妆容教程或不同场合的化妆建议，使用户更直观地理解产品的使用方式与适用场景。

（4）结合 AI 技术，实现个性化推荐

AI 技术的发展使情境式营销更加精准。例如，Netflix 通过分析用户的观看历史，推送符合其喜好的影片预告，并通过个性化推荐系统将不同类型的电影与用户可能的观影场景（如"周末宅家""情侣约会"）相结合，从而提高用户的观看黏性。同样，电商平台也可以利用 AI 分析用户的购物行为，在不同的时间、地点推送符合用户需求的产品，如雨天推荐雨伞、冬季推送保暖服饰等。

案例：可口可乐的情境式营销

可口可乐是情境式营销的典范品牌之一。它的营销策略不仅围绕产品功能展开，而且深入用户的生活场景，让品牌成为某种情感体验的象征。以下是几个关键的情境营销案例。

（1）"分享快乐"场景

一直以来，可口可乐都在强化"分享快乐"的品牌理念。例如，其推出的"昵称瓶"营销活动通过在瓶身上印制各种流行昵称，如"闺蜜""学霸"等，激发用户在社交场合分享可口可乐并自发传播品牌内容。这个策略成功地将可口可乐与"朋友聚会""分享"等场景绑定，提升了产品的社交属性。

（2）"节日营销"场景

可口可乐的圣诞营销可谓经典。每年圣诞节，它都会推出圣诞老人形象的广告，并结合线下活动、限量版包装、节日主题促销等方式，让品牌与"节日氛围""家庭团聚"深度捆绑。用户在购买可口可乐时，实际上也是在购买一种节日仪式感。

（3）"运动与激情"场景

作为全球奥运会和世界杯的长期赞助商，可口可乐通过支持体育赛事，将品牌融入"激情""拼搏""活力"等运动场景。在体育比赛期间，可口可乐不仅推出特别版包装，还通过广告、社交媒体互动、线上线下活动等方式激发用户的运动激情，使品牌成为"青春""活力"的象征。

2. 跨界场景创新：重塑品牌价值，拓展消费边界

在当今竞争激烈的市场环境下，品牌已经不再满足于提供产品功能，而是逐步向更广阔的生活方式和文化象征迈进。用户的需求不再局限于产品的基本使用价值，而是希望通过产品获得更深层次的情感共鸣、社交认同及生活方式的表达。在这样的背景下，跨界场景创新成为品牌破圈的重要策略之一，通过重塑产品的使用场景，让品牌融入用户的日常生活，创造更丰富的消费体验。

传统的产品思维关注的是产品的基本功能。例如，音响品牌的核心价值可能只是"音质卓越""声音震撼"。然而，随着市场竞争的加剧和用户需求的升级，仅仅依靠产品功能已经难以构建独特的市场竞争力。品牌需要跳出单一功能的局限，向"品牌文化"与"生活方式"延展，打造更具象征意义的品牌认知。以Marshall为例，这个以吉他音箱起家的品牌凭借独特的复古外观和摇滚文化背景，成功塑造了一种独特的品牌氛围。它不再只是一个"听音乐的工具"，而是成了"复古潮流""个性品味"的象征，出现在家居、潮流时尚甚至咖啡馆和精品酒店的场景中。用户购买Marshall，不仅是为了音质，而且是为了拥有一个能代表自己生活态度的标志性物件。

跨界场景创新不只是简单地将产品摆放在不同的环境中，而是需要深入研究目标用户群体的生活方式，并通过品牌故事和营销手段将产品自然地融入其中。一般来说，跨界场景创新可以从

以下几个方面展开。

（1）文化共鸣与情感连接

品牌的场景创新需要找到与用户情感共鸣的切入点。例如，Marshall 的成功不仅在于其复古设计和摇滚文化，还在于它对自由、个性、独立精神的象征。这些价值观恰好符合年轻用户的心理需求，使他们能够通过拥有 Marshall 音箱表达自己的独特品味。

（2）生活方式植入

通过精准的场景营销，将产品与用户的日常生活方式无缝结合。例如，Marshall 通过与高端家具品牌合作，推出专门适配家居环境的音响产品，使其不仅是音响，更是高端家居的一部分。同时，它还出现在咖啡馆、潮流买手店等场所，强化其在潮流文化中的影响力。

（3）多行业跨界合作

通过与其他行业的品牌联名，拓展产品的使用场景。例如，Marshall 与时尚品牌合作，推出限量版的耳机和音响；与汽车品牌合作，将其音响系统植入高端车型内，从而让用户在更多场景下感受到品牌的魅力。

（4）社交媒体与内容营销

在社交媒体时代，品牌的跨界场景创新需要依托强大的内容营销策略，通过短视频、KOL 种草、UGC 等方式，让用户自发分享产品在不同场景下的应用。例如，Marshall 在 Instagram、小红书等社交平台上，通过明星、音乐人、潮流博主的使用分享，使其成为一种生活方式的象征。

案例：Marshall 如何打造场景创新

以 Marshall 在中国市场的营销策略为例，它并没有简单地将产品定位为高端音响，而是通过一系列的场景营销赋予品牌更多的文化属性，使其成为潮流文化的一部分。

（1）家居场景：复古设计融入高端家居

Marshall 的音响产品以经典的复古皮革外观和金属旋钮设计著称，与现代极简主义家居风格形成鲜明对比，成为许多家居博主推荐的"家居装饰品"。在小红书、抖音等平台上，不少用户自发晒出"Marshall+ 咖啡角""Marshall+ 复古书房"的搭配，进一步强化了其在家居场景中的品牌形象。

（2）潮流场景：成为音乐文化的象征

Marshall 不仅是一个音响品牌，更是一个摇滚文化的代表。它通过赞助音乐节、与独立音乐人合作、举办线下音乐沙龙等方式，将品牌深度植入音乐文化圈层。在年轻用户眼中，拥有一台 Marshall 音响，意味着对摇滚精神的认同，也成为潮流生活方式的一部分。

（3）咖啡馆与酒店：跨界商业场景

许多精品咖啡馆和风格化设计酒店都会选择 Marshall 音响作为店内背景音乐设备。原因不仅是其音质出色，更重要的是其代表的复古和潮流文化与这些场所的调性高度契合。例如，一些高端酒店会特意在房间内配备 Marshall 音响，以此提升住客的体验感，并借助这个细节传递品牌的格调。

（4）汽车与户外场景：拓展新消费场景

Marshall 还与高端汽车品牌合作，将其音响系统植入车载娱乐系统。此外，它还推出了便携式蓝牙音箱系列，针对户外露营、自驾游市场，使其成为音乐爱好者在不同场景下的"随身伴侣"。

综上所述，我们可以从以下维度开展场景分析，如表 3-2 所示。

表 3-2　场景分析

维度	策略	非常好	一般	较差
体验场景	线下体验式营销			
	内容营销与社交媒体渗透			
	场景化电商营销			
	结合 AI 技术，实现个性化推荐			
跨界场景	文化共鸣与情感连接			
	生活方式植入			
	多行业跨界合作			
	社交媒体与内容营销			
其他场景				

3.2.2　AI 如何帮助品牌发现新场景

1. 数据分析预测：AI 精准洞察用户需求，驱动智能推荐

在数字化时代，数据已成为商业竞争的核心资源，而 AI 的数据分析能力正在重塑品牌与用户的关系。借助强大的计算能力，AI 不仅可以捕捉用户的行为模式，还能够通过深度学习和大数据挖掘预测用户的潜在需求，进而驱动精准的产品推荐。

用户的每一次点击、搜索、停留时长，甚至购物车中未完成的订单，都会留下数据痕迹。传统的用户画像构建方式往往依赖静态的标签，如性别、年龄、地域等。这些信息虽然有助于基础的市场细分，但无法动态反映用户的实时需求。而 AI 的优势在于它可以通过机器学习和深度学习算法，动态捕捉用户的行为模式，形成"实时进化"的用户画像。

以智能家居品牌为例，AI 可以整合用户在多个渠道的数据，包括电商平台的购买记录、智能家居 App 的使用数据、社交媒体的互动行为，甚至智能设备的传感器信息。例如，一个用户在智能灯光系统的 App 上反复调整卧室的灯光亮度，AI 可以推测其对柔和灯光的偏好，并推荐相关的智能照明产品。而如果一个用户在多个社交平台搜索"提升睡眠质量的产品"，AI 则可能会推荐智能助眠灯、白噪音器或调节温湿度的智能空调。

AI 的核心能力不仅是分析过去的行为，而且是能够基于模式识别预测未来需求。这种预测能力源于多个层面的数据分析。

（1）时间序列分析

AI 可以分析用户的历史行为数据，预测下一次可能的购买时间。例如，如果某用户每隔 6 个月购买一次空气净化器滤芯，那么 AI 可以在合适的时间节点提前推送补充滤芯的提醒。

（2）行为路径分析

AI 可以跟踪用户的浏览轨迹，并推测其购买决策的关键点。例如，如果用户先浏览了多篇关于"智能扫地机器人对比测评"的文章，然后又多次搜索"性价比高的扫地机器人推荐"，那么 AI 可以判断该用户处于"即将购买"的阶段，并适时推荐高匹配度的产品。

（3）情境感知分析

借助智能传感器和物联网（IoT）技术，AI 可以感知用户所处的物理环境，并结合历史数据进行场景预测。例如，智能家居系统可以感知用户家的温度、湿度、光照强度等信息，当 AI 检测到室内湿度长期偏低时，可能会建议用户购买加湿器。

（4）群体趋势分析

AI 不仅关注个体行为，还可以分析相似用户群体的趋势，进行更具参考价值的预测。例如，如果一个用户所在的社群中有大量用户在换购新款智能音箱，AI 可能会判断该用户也存在类似的需求，并向其推送相关的新品信息。

案例：智能家居品牌的 AI 精准推荐实践

以某全球知名智能家居品牌为例，该品牌在电商平台和自有 App 中部署了 AI 驱动的个性化推荐系统。该系统基于用户数据分析，帮助用户更高效地找到符合个人需求的产品。

该品牌通过用户注册信息、设备绑定记录、日常使用习惯等多维度数据，建立用户的个性化档案。例如，当一个新用户购买了智能灯泡并绑定到家庭智能中控系统后，AI 会开始记录其使用频率、灯光颜色偏好、亮度调节习惯等数据。

AI 发现，该用户每天晚上都会将卧室灯光调至暖黄色，并在凌晨自动关闭。结合其他用户的类似行为模式，AI 推测该用户可能对助眠灯光感兴趣，因此在其电商平台主页上推荐了带有智能调节功能的智能床头灯。进一步的 AI 分析发现，该用户近期在品牌 App 上多次浏览"智能家居自动化"相关的内容，并且收藏了智能窗帘控制器。这表明用户可能正在考虑构建一个更全面的智能家居系统。因此，AI 不仅推送了智能窗帘的促销信息，还推荐了智能空气净化器、智能音箱等与其现有设备高度兼容的产品。

在一周内，该用户成功下单购买了智能窗帘和智能音箱，AI 系统将这个购买行为反馈至数据库并调整未来的推荐策略。例如，下次 AI 可能会推送更多与智能音箱联动的智能家电，如智能电视或家庭影院系统，以此增加交叉销售的机会。

2. 用户反馈优化：AI 驱动的场景适配策略

在数字化营销时代，用户反馈不仅是品牌改进产品的重要信息源，更是精准优化产品场景适配策略的核心驱动力。传统的用户反馈收集方式，如问卷调查、用户访谈，往往耗时长、样本有限，且存在主观偏差。而借助 AI 技术，品牌可以实时监测社交媒体、在线论坛、电商评论区等多渠道用户反馈，通过大数据分析和自然语言处理（NLP）技术精准识别用户的需求变化，优化产品的适配场景，从而提升用户体验，强化品牌竞争力。

现代用户热衷于在社交平台分享使用体验。从跑步爱好者晒出的每日跑步里程、装备选择，到美妆博主试用新款粉底液的细腻测评，社交媒体已成为品牌获取用户反馈的重要战场。AI 技术在这个过程中扮演着至关重要的角色，能够高效、精准地挖掘用户反馈背后的潜在需求。

AI 能够自动抓取社交平台的用户评论、论坛讨论、产品测评等文本数据，并去除无关信息，如广告、重复留言等，以确保数据的高质量输入。

（1）情感分析

通过 NLP 技术，AI 可以精准判断用户评论的情绪倾向，分析正面评价、负面反馈或中性意见。例如，跑者在社交媒体上频繁提及"鞋底太硬""长时间穿着容易脚疼"，AI 可以归类这些负面反馈，从而提示品牌优化缓震设计。

（2）主题建模

AI 可识别用户反馈的核心主题，提炼出影响用户体验的关键因素。例如，某款智能手表的用户反馈可能集中在"电池续航""运动模式丰富度""佩戴舒适度" 3 个方面，品牌可据此进行针对性优化。

（3）用户画像分析

AI 还能结合用户社交数据，建立细分用户画像，如"专业马拉松跑者""日常健身爱好者""户外徒步玩家"等，从而优化不同场景下的产品适配方案。例如，专业跑者更关注鞋子的轻量化与透气性，而日常健身用户可能更看重舒适度和耐用性。

在 AI 的助力下，品牌可以基于用户反馈动态调整产品的场景适配策略。以下是几种典型的优化方式。

（1）功能优化：增强产品的核心价值

以运动品牌为例。如果大量用户反馈某款跑鞋的缓震性能不足，品牌可以通过优化中底材料、调整鞋底结构等方式进行改进。例如，Nike React 跑鞋正是基于用户反馈不断优化泡棉材质，使其在柔软性与回弹力之间达到更好的平衡。

（2）场景拓展：挖掘新的应用环境

用户反馈往往能揭示产品新的使用场景。例如，一款主打"城市通勤"的轻量跑鞋可能会被用户用于健身房训练、日常休闲穿搭。品牌可以顺势推出"多场景适配"版本，通过材质调整、色彩搭配等方式扩大产品的使用边界，从而提升销量。

（3）产品迭代：持续优化用户体验

结合用户反馈，品牌可以推出新一代产品。例如，Apple Watch 的防水性能在用户反馈的推动下，从最初的生活防水提升至可以用于游泳、冲浪等水下场景，使其适用范围更加广泛，吸引了更多专业运动用户。

案例：耐克如何借助 AI 优化跑鞋场景适配

耐克在全球跑步市场的成功，离不开对用户反馈的精准分析与产品场景适配策略的不断优化。以 Nike ZoomX Vaporfly 系列为例，该系列跑鞋最初由耐克与马拉松运动员合作研发，目标是帮助马拉松运动员在比赛中实现更好的成绩。然而，用户反馈的广泛收集与 AI 分析让品牌发现了更丰富的场景需求，并在后续产品迭代中做出了针对性优化。

最初，Nike ZoomX Vaporfly 的核心目标群体是马拉松精英跑者，其独特的碳板与 ZoomX 泡棉设计提供卓越的能量回弹。然而，一些用户反馈鞋底的稳定性问题，特别是在湿滑路面上的表现较弱。通过社交媒体与跑步社区的数据分析，耐克发现大量普通跑步爱好者也在关注这款鞋子，并希望在日常训练和城市马拉松比赛中使用。但这些用户对鞋子的耐久性、舒适性提出了更高的要求，如希望减少足部疲劳、增加鞋面透气性等。

基于 AI 分析结果，耐克在后续版本中做出以下优化。

✦ 提升稳定性：针对湿滑地面表现不佳的问题，耐克优化了外底橡胶纹理，提高抓地力，使跑鞋更适用于多种地形。

✦ 优化耐久性：普通跑者的跑步频率较高，鞋子的耐用性成为关注点。耐克调整了泡棉密度，使其在提供回弹的同时延长寿命。

✦ 扩展应用场景：耐克推出更适合日常训练的版本，如 Nike Zoom Fly 系列，保持部分 Vaporfly 的技术优势，同时增加舒适性和耐用性，以适应更广泛的跑步人群。

3. 沉浸式体验：重塑用户感知的 AI 场景应用

在消费市场竞争日益激烈的今天，品牌不仅需要打动用户的理性需求，更要在情感层面建立深度连接。而沉浸式体验正是实现这个目标的关键策略。通过 AI 与 AR（增强现实）、VR（虚拟现实）等技术的融合，品牌可以构建高度互动的虚拟环境，使用户能够在决策前提前感受产品的实际应用场景，从而增强购买信心，提高品牌忠诚度。

AI 与沉浸式技术的结合不再只是简单的视觉增强，而是通过智能算法实现个性化、动态化的产品交互体验。例如，家居品牌可以运用 AI 驱动的 AR/VR 技术实现"虚拟试摆"功能，让用户在自己的家中模拟不同家具的摆放效果，直观感受色彩、尺寸、风格与空间的契合度。这种交互方式不仅提高了用户的决策效率，还降低了因不匹配而带来的退换货成本。

此外，时尚行业也在广泛应用这类技术。AI 能够基于用户的体型、肤色和风格偏好，生成个性化的虚拟试衣体验。用户可以通过智能设备看到自己穿上不同款式服饰的样子，甚至还能通过 AI 分析获得关于穿搭建议的推荐。相比传统的静态商品图片或短视频介绍，这种互动式体验让用户在购买前就能深刻感受到产品的价值，从而大幅提升购买转化率。

在用户购买决策的过程中，感知真实度起着至关重要的作用。传统的营销方式主要依赖图片、视频或文字介绍，而这些方式虽然能传达信息，但往往缺乏沉浸感，难以让用户获得"身临其境"的体验。AI 驱动的沉浸式技术则能够从多个层面优化用户的购物体验。

（1）增强感官体验，提高决策信心

传统的线上购物由于缺乏真实感，用户很难确定产品的真实效果，而沉浸式技术能够通过 3D 建模、动态光影模拟等方式让用户看到更接近实物的产品形态。例如，某些高端手表品牌已采用 AR 技术，让用户在手机屏幕上"试戴"不同款式的手表，并在光线变化的环境下观察表盘的反光效果，从而增强真实感。

（2）减少选择焦虑，提高购物效率

现代用户面对海量产品信息时往往容易陷入选择困难症，而 AI+ 沉浸式体验可以帮助用户做出更精准的筛选。例如，一些家电品牌已经推出智能化的 VR 展厅，用户可以通过虚拟现实技术在 3D 空间内自由浏览、对比产品，并即时获取关于能耗、适用面积、功能配置等详细信息，使决策过程更加高效。

（3）激发情感共鸣，提升品牌认同

沉浸式体验不仅是一种技术创新，更是一种情感营销策略。通过让用户深入场景体验，品牌可以创造更具情感共鸣的营销内容。例如，旅游行业运用 VR 技术让用户"提前游览"目的地，不仅能够呈现目的地的风貌，还能通过 AI 智能推荐个性化行程，增强用户的情感体验，使他们在预订行程时更加坚定。

案例：宜家的 AR 家居试摆应用

全球知名家居品牌宜家（IKEA）早在 2017 年就推出了基于 AR 技术的"IKEA Place"应用。该应用利用 AI 和 AR 技术，使用户能够通过手机摄像头将虚拟家具叠加到真实环境中，预览摆放效果。这项技术能够精准测量家具的尺寸，并实时调整光影效果，使产品看起来与真实摆放无异。

该功能极大地解决了用户在购买家具时的两大痛点。

+ 尺寸不合适：用户可以直接在家中试摆家具，确保产品与家中空间匹配，避免因尺寸不符而退换货。

+ 风格不协调：用户可以在虚拟环境中尝试不同风格的搭配，从而选出最符合个人品位的家具组合。

宜家的这种创新不仅提升了用户体验，也显著提高了转化率。据统计，使用"IKEA Place"进行试摆的用户的购买转化率，比普通线上浏览用户高出 3 倍以上。这证明了 AI+AR 技术在提升用户购物决策效率方面的巨大价值。

3.3 样本生活化：用真实生活激发用户的购买欲

在信息高度碎片化、消费选择日益多元的时代，品牌与用户之间的关系正在发生深刻变革。过去，品牌往往通过高大上的广告、明星代言及精心打磨的视觉呈现塑造自己的形象。然而，随着社交媒体、短视频平台的崛起，以及用户对品牌传播方式的日益敏感，传统的"高冷式"品牌形象已经逐渐失去吸引力。现代用户不再轻易被完美无瑕但遥不可及的品牌广告所打动，而是更加青睐那些能够与自己产生共鸣、带有真实温度的品牌叙事。

要让用户真正信任品牌，品牌必须深入用户的日常生活，从他们的需求、痛点、兴趣点出发，构建"生活化内容"，让产品自然地融入消费场景，激发购买欲望。

3.3.1 真实用户故事，让品牌"活"起来

1. UGC 内容营销：激发真实体验，引爆品牌共鸣

用户生成内容（UGC）已成为品牌营销中不可或缺的一环。UGC 不仅能够增强品牌可信度，还能通过真实、接地气的用户体验带动更多潜在用户的购买决策。相比传统广告，UGC 的传播更具社交属性，它基于用户的自主分享在真实使用场景中进行口碑扩散，使品牌能够以更加自然的方式融入用户的生活。

UGC 的核心价值在于它打破了传统品牌单向输出的营销模式，让用户成为品牌叙事的参与者和塑造者。当用户主动分享产

品体验时，品牌传播的可信度大幅提升。因为人们往往更容易相信"与自己相似的人"的推荐，而不是品牌自说自话的宣传。以收音机为例，如果品牌直接宣称"这款收音机能够改善你的晨间仪式感"，用户可能会怀疑其中的夸大成分。但如果是一个普通用户在社交媒体上分享："每天早晨，我都会泡一杯咖啡，打开这款收音机，播放一档轻柔的音乐节目，整个房间都弥漫着温暖的气氛。这让我觉得新的一天充满仪式感和美好。"这样的表达方式更容易引起共鸣，使其他用户对产品产生兴趣和情感认同。

2. KOL 生活场景植入：让影响力自然生长，赋能品牌渗透

在当下的内容营销环境中，用户已经越来越不愿意接受生硬的广告，他们更倾向于相信自己认可的 KOL。KOL 以其独特的专业性、个性化表达和真实生活方式，成为品牌与用户之间最重要的信任桥梁。因此，如何让 KOL 在自然生活场景中植入品牌产品，而不是单纯地进行广告宣传，成为品牌营销策略中的重要一环。

KOL 的影响力并非凭空产生，而是源于其个人品牌的积累，以及在特定垂直领域的深耕。一个健身博主的粉丝愿意相信他推荐的运动装备，是因为他们长期关注其训练方式并认可其专业知识。这种信任关系的建立使 KOL 在自然生活场景中展示产品时能够极大地降低消费者的戒备心理，使品牌信息更容易被接受。

传统广告往往采用直接推销的方式，比如"一款全新的智能手环，它可以帮助你更好地记录运动数据"。这样的信息过于直

接，缺乏温度和场景感，消费者往往会产生排斥心理。

相比之下，KOL 在日常生活场景中进行产品植入，可以让品牌信息在自然流露的同时，与用户的真实需求建立共鸣。例如，一位健身博主在分享自己的日常训练计划时可以自然地提到："我每天早上都会戴上这款智能手环，它不仅能精准记录心率，还能分析我的睡眠质量，帮助我调整训练节奏。"这样的内容既不会显得突兀，又能让粉丝在潜移默化中接受产品信息。

用户更容易接受和记住那些与自身生活场景相关的信息。KOL 的生活方式是粉丝向往或正在尝试的。因此，当 KOL 在特定场景下使用某款产品并自然分享其使用感受时，粉丝会将其视为可信赖的建议，而不是商业推广。例如，美妆 KOL 在晨间护肤流程中使用某款护肤品，讲解其成分和效果，而不是简单地说"这款护肤品很好用，大家快去买"；旅行 KOL 在旅途中分享某款便携冲牙器，强调其轻便性和高效清洁能力，而不是生硬地介绍产品功能；母婴 KOL 在育儿日常 Vlog 中展示如何使用某款安全座椅，强调其安全性和舒适性，而不是单纯地念一段官方宣传文案。

3. 长线故事打造：品牌构建持续影响力的叙事体系

在品牌营销的浩瀚世界中，用户不再只关注产品的功能属性，而是更加看重品牌背后的价值观、故事及与自身生活方式的契合度。这也是为什么"长线故事打造"成为众多品牌赢得用户长期关注和情感共鸣的重要策略。

如果说短期营销更关注即时的流量和转化，那么长线故事的打造则是一种品牌资产的沉淀和积累。它通过一个连贯的叙事体系让品牌逐步在用户心智中形成清晰且稳固的认知。真正成功的长线故事不仅能提升品牌的文化价值，还能创造长期复购和自发传播的可能性，最终构建品牌护城河。

那么，品牌该如何围绕用户的真实体验构建一系列持续影响用户认知的故事呢？在传统营销模式中，品牌往往依靠单一的广告创意或短期营销活动吸引用户的注意力。然而，这种零散的叙事方式往往难以形成品牌认知的持续深化。相比之下，成功的品牌会围绕一个核心主题构建一系列层层递进、彼此关联的故事，从而形成完整的叙事体系。

在这个信息爆炸的时代，用户早已对单纯的品牌宣传免疫，他们更愿意相信那些贴近自己生活、具有真实感的内容。品牌故事的最佳素材来源正是用户的真实体验。通过讲述普通人的故事，品牌能够在用户心中构建一种"这就是我""我也能做到"的心理认同，从而促成品牌与用户之间的深度情感连接。

长线故事不仅是品牌的宣传手段，更是品牌价值观的一种承载方式。耐克倡导"人人皆可成为运动员"，可口可乐始终传播"分享快乐"的理念，苹果则鼓励"Think Different（非同凡想）"。这些品牌不仅是在销售产品，更是在向世界传递他们的信仰。长线故事的成功取决于品牌是否能够找到一个深植于社会文化背景且能够持续输出的价值观，并通过多种形式进行表达。

（1）角色塑造：建立品牌的"人设"

一个好的品牌故事必须有鲜明的人物形象。这个形象可以是品牌本身，比如耐克的"Just Do It"精神，它代表了一种不畏挑战、勇往直前的运动员精神；也可以是用户的缩影，如 Under Armour 塑造的那些默默训练、不懈奋斗的普通运动员群体，让每一个有梦想的普通人都能在品牌中找到自己的影子。

品牌也可以通过明星代言人、品牌大使、忠实用户等方式将品牌"人格化"，让用户能够更直观地感受到品牌的态度和风格。例如，特斯拉的品牌故事很大程度上与埃隆·马斯克的个人形象深度绑定，他的创新精神和冒险精神塑造了特斯拉品牌的独特气质。

（2）叙事框架：搭建品牌的故事结构

品牌故事的构建不能是零散的、随意的，而是需要遵循一定的叙事逻辑。常见的品牌故事框架包括以下几种。

- 挑战与困境：描述用户或品牌面临的难题，引发共鸣。
- 突破与奋斗：展现品牌或用户如何通过努力解决问题，传递正向价值。
- 胜利与影响：强调品牌如何帮助用户实现目标，最终塑造品牌价值观。

（3）多平台布局：让故事无处不在

在数字化时代，品牌故事的传播不应局限于单一渠道，而应当进行全平台、多维度的布局。

- 社交媒体短视频：通过 KOL、用户投稿等方式让故事更有传播性。
- 品牌广告大片：用高品质的视频内容强化品牌的情感叙事。
- 线下体验活动：让用户亲身参与品牌故事的演绎，加深认知。
- UGC：鼓励用户讲述自己的故事，形成社交裂变效应。

案例：耐克的"跑者人生"

耐克是品牌长线故事打造的典范，而其中最具代表性的案例之一便是"跑者人生"系列内容。耐克的"跑者人生"并不只是在推销跑鞋，而是围绕跑步这个行为构建了一整套关于奋斗、坚持、突破极限的品牌价值观。无论是普通晨跑者，还是马拉松冠军，每一个跑步者的故事都值得被讲述。

耐克的"跑者人生"系列广告会邀请真实的跑步爱好者作为主角，他们来自不同的职业、年龄层和国家，但都在自己的跑步旅程中经历了挑战和蜕变。这些故事的真实性让观众更容易产生共鸣，同时也在潜移默化中强化了耐克的品牌理念。

耐克不仅在线上发布视频广告，还在跑步社群广泛推广这个主题。他们推出"跑者人生"线上挑战赛，邀请用户用 Nike Running Club App 记录自己的跑步历程，并在社交媒体分享故事。通过这种方式，耐克让"跑者人生"从一个品牌广告变成了一种社群文化，极大地提升了用户的参与感和品牌忠诚度。

3.3.2　生活方式共鸣，触发情绪价值

1. 打造"理想生活"画面：从品牌展示到生活方式塑造

过去的营销模式主要以产品为核心，品牌通过强调产品的功能、价格、性能等客观因素吸引用户。然而，随着市场竞争加剧，用户的选择越来越多，单纯的功能性诉求已经很难建立品牌的差异化竞争力。品牌需要转变思维，从"卖产品"转向"卖生活方式"，即在产品之外提供更具情感温度、更贴近用户理想生活的整体体验。要打造用户向往的理想生活画面，品牌需要从以下几个关键方面入手。

（1）真实的人群洞察

品牌需要深刻理解目标用户的生活方式、价值观及消费动机。不同的人群对理想生活的定义是不同的。例如，年轻白领追求高效、简约的都市生活，新婚夫妻关注温馨与实用性，老年人则更注重舒适与健康。因此，品牌在塑造理想生活画面时必须针对不同群体进行定制化内容输出，以精准触及目标用户的情感需求。

（2）场景化叙事

理想生活的构建不仅依赖产品本身，而且通过场景化的故事表达让用户能够代入其中。例如，宜家的广告中往往不会直接推销家具，而是讲述一个温馨的家庭故事：孩子在厨房写作业，母亲在一旁烹饪，全家人围坐在餐桌前分享一天的趣事。这种场景

不仅展现了产品的实用性，更传递了一种温暖、亲密的家庭氛围，让用户自然而然地联想到自己的生活，进而对品牌产生情感连接。

（3）生活方式的细节呈现

品牌所描绘的理想生活不能只是一个模糊的概念，而需要通过细节填充，使其更具真实感。例如，宜家在展示卧室布置时会考虑到空间收纳、光线搭配、床品选择等因素，让用户看到如何通过简单的改变提升居住体验。这种对生活细节的关注能够进一步增强用户的信任感，使他们相信品牌不仅是在卖产品，而且真正关心他们的生活质量。

案例：宜家的"家的温度"营销策略

宜家作为全球知名的家居品牌，一直以来都在"理想生活"构建上有着极为成功的实践。它不仅销售家具，而且致力于打造一个让用户感受到温馨、舒适和具有归属感的生活方式。宜家的广告几乎从不直接强调家具的材质或价格，而是通过讲述平凡且温馨的家庭故事展现产品的价值。例如，在某广告中，一位母亲在厨房准备早餐，孩子们在客厅玩耍，父亲坐在餐桌前阅读报纸，整个家显得温暖且充满活力。而宜家的餐桌、椅子、灯具等产品正是这个幸福画面的重要组成部分。这样的广告内容让用户在观看时产生共鸣，并在潜意识中接受"宜家＝温馨家庭"的品牌印象。

宜家在社交媒体和线上平台的内容营销同样十分出色。它在Instagram、Pinterest 等视觉化社交媒体上经常分享用户生成的内容。例如，顾客如何利用宜家的产品布置自己的家，或者自行改造旧家具。这样不仅增强了品牌的社交互动，也让用户看到更多真实可行的家居灵感，进而激发他们的购买意愿。

2. 结合社会潮流：借势"绿色生活"场景，提升用户共鸣

在数字化和智能化加速发展的今天，品牌营销不再是单一的产品推广，而是用户价值观、生活方式与品牌理念的深度共鸣。当代用户越来越关注社会责任、环境可持续发展及个体对世界的影响力，这使品牌在塑造自身形象时必须积极融入社会潮流，尤其是"绿色生活"这个全球性趋势。

社会潮流并非一时的热点，而是长期演进的人类价值观、社会文化与科技发展的综合体现。近年来，可持续发展成为各大品牌竞争的核心议题之一，不论是食品、时尚、家居，还是电子产品，用户越来越倾向于选择能够体现环保意识的品牌。

从宏观来看，各国政府陆续出台环保法规，使企业在市场中不仅面临用户的期待，同时也要应对更严格的环保监管。从微观来看，用户的购买行为正逐步向"绿色消费"倾斜。根据尼尔森（Nielsen）的一项调查，66% 的全球用户愿意为可持续产品支付更高的价格，而年轻一代（Z 世代和千禧一代）对可持续产品的偏好更明显。因此，品牌如果能借势"绿色生活"场景，将品牌

价值与环保理念深度绑定，不仅能提升品牌忠诚度，还能拓展新用户群体，增强品牌的长期竞争力。

在 AI 营销的智能化框架中，品牌可以通过以下策略与"绿色生活"场景深度融合。

（1）品牌理念的绿色升级

品牌首先需要在价值观层面进行调整，将环保理念纳入品牌的核心战略。例如，耐克推出"Move to Zero"计划，承诺减少碳排放，并研发更多可回收材料制成的运动鞋。这样的举措不仅让品牌在行业中具备更强的责任感，也与当下用户的环保理念形成共鸣。

（2）产品设计的可持续化

在产品层面，品牌可以选择更环保的生产方式，如使用可再生材料、减少碳足迹、优化包装等。苹果公司（Apple）在其产品中逐步取消塑料包装，并承诺未来所有产品将使用 100% 再生材料。这种可持续的产品策略不仅符合环保趋势，也极大地影响了用户的购买决策。

（3）场景营销的沉浸式塑造

通过构建与绿色生活相关的消费场景，品牌可以增强用户的沉浸式体验。例如，可口可乐（Coca-Cola）在多个国家推行可重复使用的玻璃瓶装，并搭配"环保补给站"进行用户互动，使环保不再是一个遥远的概念，而是一种可触及的日常体验。

（4）数字化营销的智能推动

通过 AI 技术分析用户的环保行为数据，品牌可以为不同用户提供个性化的绿色消费建议。例如，线上商城可以通过 AI 推荐低碳产品组合，并向用户展示其消费对环境的积极影响，从而激发用户的参与感和责任感。

3. 微电影化营销：让用户沉浸式感知品牌价值

在数字化营销日益升级的时代，传统的硬广模式逐渐失去吸引力，取而代之的是更具故事性、情感共鸣和沉浸式体验的内容营销方式。其中，微电影化营销成为品牌传递价值、塑造品牌形象的重要策略。短视频、Vlog 等形式凭借其直观及生动的特点，不仅降低了用户的理解成本，还能激发用户的兴趣，使品牌理念深入人心。

顾名思义，微电影化营销是指将品牌传播内容通过短视频、Vlog 等形式进行影视化表达，使其具有情节、冲突、情感共鸣和视觉冲击力，从而提升用户的观看体验和品牌记忆点。其核心逻辑可归结为以下 3 个方面。

（1）讲故事，而不是讲产品

相比传统广告单纯强调产品的功能属性，微电影化营销更倾向于以故事驱动传播，打造具有温度的品牌内容。故事化的表达方式能够赋予品牌更多的人文色彩，让用户在情感共鸣中接受品牌理念。例如，一个关于亲情的微电影可能让观众在感动中记住品牌，而不是只记住产品的卖点。

（2）沉浸式体验，增强用户参与感

短视频、Vlog 的一个重要特点在于沉浸感。这种沉浸感不仅源自视觉和听觉的多维体验，还来自内容所营造的真实场景。例如，一位旅行博主在 Vlog 中记录自己佩戴某品牌运动耳机跑步的日常，而背景音乐、运动节奏、环境氛围共同塑造了一种身临其境的体验，使观众产生"这款耳机真的适合运动"的直观感受。

（3）社交传播，放大品牌影响力

微电影化内容不仅要"好看"，更要具备社交传播价值，即让用户愿意分享、讨论甚至二次创作。优秀的短视频广告往往具备"梗"文化、戏剧化冲突或者引发共鸣的社会话题，使品牌的话题性持续发酵。例如，一条关于环保理念的短视频广告如果能够触动用户的环保意识，便可能在社交媒体上形成裂变传播，进而提升品牌影响力。

微电影化营销并非单一的表达方式，而是可以根据不同的品牌调性、传播目标和用户习惯进行差异化呈现。短视频和 Vlog 是两种常见的微电影化表达方式，它们各具特色，适用于不同的营销场景。

短视频通常时长在 15 秒至 3 分钟之间，强调快节奏、强情绪和高转化。其主要特点包括以下几方面。

- 开场即吸引：前 3 秒吸引用户注意力，避免"划走"。
- 戏剧化冲突：利用矛盾、反转等叙事手法增强吸引力。

- 品牌元素植入：产品或品牌理念巧妙融入情节，而非硬性推广。

Vlog 是一种更具个人化、生活化的表达方式，通常以第一视角呈现用户的日常生活，增强真实性和信任感。其主要特点包括以下几方面。

- 真实记录：减少刻意营销痕迹，让用户感受到品牌的日常陪伴感。
- 强代入感：以第一视角代入观众，使其感受到"这正是我想要的生活方式"。
- 细节化情感表达：通过微妙的表情、语气、环境变化，增强品牌的温度。

案例 1：Apple——"Shot on iPhone"短视频营销

Apple 的"Shot on iPhone"系列广告是微电影化营销的典型案例。该系列广告通过用户拍摄的真实短片展示 iPhone 的拍摄能力，同时讲述温馨感人的故事。例如，一个关于母女关系的短片展现了一位母亲如何用 iPhone 记录孩子成长的点滴，既突出了产品功能，又触动了用户的情感，使观众在共鸣中接受品牌信息。

案例 2：小红书 Vlog——生活方式种草

在国内，小红书的 KOL 通过 Vlog 进行微电影化营销已成为品牌推广的重要方式。例如，某美妆品牌邀请美妆博主在 Vlog 中分享"都市丽人下班后的放松时刻"，博主在视频中展现自己如何使用该品牌的面膜、香薰蜡烛放松身心。这种 Vlog 形式不仅真实贴近用户生活，还能让观众直观感受到产品的使用场景，最终促成购买转化。

案例 3：耐克——"You Can't Stop Us" 叙事式短片

耐克在奥运会期间推出的 "You Can't Stop Us" 短片通过巧妙的画面剪辑和分屏对比，将不同运动员的故事无缝连接，传递出 "运动精神不被阻挡" 的品牌理念。这条短视频不仅展现了品牌的价值观，还引发了全球范围的社交讨论，成功提升了品牌影响力。

在 AI 营销时代，品牌增长已从广撒网式的大规模曝光转向精准捕获的精细化运营。传统营销虽然覆盖面广，但成本高、转化率低。而 AI 技术通过数据分析实现对目标用户的精准细分，使品牌能够以更科学的方式触达用户，满足个性化需求。

第 4 章

矩阵触达：
内容 + 流量 + 口碑，
打造真正的营销三位一体

在数字营销时代，品牌的竞争已不再停留在产品层面的较量，而是进入了一场关于传播与认知的深度博弈。在信息碎片化、渠道多元化、用户触点分散化的背景下，传统营销打法正面临前所未有的挑战。单纯依赖广告投放或单一渠道的推广已难以精准触达目标受众，更无法建立品牌的长期影响力。在这样的市场环境下，品牌需要重新思考如何以更高效、更精准、更具渗透力的方式与用户建立深度连接，并最终占领用户心智。

这种矩阵式传播策略必须包含三大关键要素：官方内容、第三方影响力、用户口碑。在这个"内容＋流量＋口碑"三位一体的传播体系下，品牌必须学会利用 AI 数据分析和智能营销工具，实现精准投放与智能推荐，确保内容能够在合适的时间、合适的场景触达最合适的受众。

4.1　品牌官方自媒体矩阵搭建与运营

品牌官方自媒体是品牌在数字化时代最重要的传播阵地之一。它不仅是品牌的内容生产中心，更是品牌形象的承载者、用户沟通的桥梁及市场营销的重要触点。在社交媒体与新媒体平台高度发达的当下，品牌官方自媒体的运营能力直接影响品牌的市场表现和用户认知。因此，品牌在搭建官方自媒体矩阵时，不能只是简单地创建账号和发布内容，而是需要建立一套系统化的战略规划，以确保品牌信息能够高效传播并形成长效影响力。

　　品牌官方自媒体并非简单的内容发布平台，而是一个深度运营的品牌资产。只有通过科学的矩阵布局、精细化的内容运营和多触点的传播策略，才能真正实现品牌信息的最大化触达，构建品牌的长期影响力。

4.1.1　平台布局：多触点精准覆盖目标用户

　　不同的社交平台具备不同的用户画像和内容生态，品牌必须根据目标人群的行为习惯合理分配内容发布阵地。

1. 短视频平台：品牌故事与产品传播的全新战场

　　在数字营销的浪潮中，短视频平台已经成为品牌传播的核心阵地。从抖音、快手到微信视频号，每一个平台都承载着不同的内容生态和用户习惯，但它们的共性在于以短平快的方式，通过极具冲击力的视觉表现精准地触达目标用户。这不仅是一次信息传递的革新，更是一场品牌沟通模式的变革。

　　短视频平台的魅力在于其独特的传播逻辑。相对于传统图文或长视频内容，短视频以更高的效率传递信息，更容易吸引用户的注意力。具体而言，它在品牌营销中的核心价值体现在以下几个方面。

（1）品牌故事的沉浸式传播

品牌故事是品牌资产的重要组成部分，它承载着品牌的核心理念、历史积淀和情感价值。在短视频平台上，品牌可以通过富有情感的叙述、动态的画面呈现及精心设计的脚本，将品牌故事打造成一部微电影式的内容，增强用户对品牌的情感认同。例如，一款咖啡品牌可以通过短视频讲述"从咖啡豆采摘到一杯醇香咖啡"的故事，让用户不仅关注产品本身，而且能感受到品牌背后的文化和温度。

（2）产品测评的可视化直观呈现

相对于传统的图文测评，短视频测评能够通过画面、音效和即时互动带来更具冲击力的产品体验。用户可以清晰地看到产品的使用场景、功能表现甚至优缺点，从而增强信任感。以美妆行业为例，许多品牌会邀请 KOL 进行实测，通过真人试色、对比测试、细节放大等方式，让用户更直观地了解产品的使用效果，降低购买决策的犹豫成本。

（3）用户反馈的社交裂变效应

短视频不仅是品牌单方面的内容输出渠道，更是用户共创内容、形成 UGC 生态的阵地。品牌可以鼓励用户参与挑战赛、晒单测评、开箱体验等内容互动，从而让品牌信息在用户之间自发传播。例如，某手机品牌在新品发布时发起"影像创作挑战赛"，让用户使用新机拍摄短视频并附上品牌话题标签。这种方式既让用户成为品牌的传播者，又能提高品牌内容的触达范围。

尽管短视频平台提供了高效的传播渠道，但品牌想要真正发挥其价值，仍需制定精准的内容策略。以下是 3 种常见的短视频内容类型及其适用场景。

（1）情绪驱动型内容：强化品牌共鸣

用户观看短视频的核心动机之一是情绪价值。因此，品牌在内容创作时可以聚焦用户的情感需求，通过幽默、感动、共鸣等元素让用户产生心理共振。例如，快手的用户多以下沉市场群体为主，他们更喜欢接地气、有烟火气的内容。因此，品牌可以围绕真实人物故事、励志奋斗、亲情友情等主题进行创作，以此增强品牌的亲和力。

（2）知识普及型内容：提升用户认知

短视频不仅是娱乐工具，还是高效的知识学习途径。品牌可以通过科普、教程、案例解析等方式，向用户传递有价值的信息。例如，一家护肤品牌可以通过短视频讲解"如何正确使用防晒霜""不同肤质的护肤步骤"等内容，以专业性赢得用户信任，同时巧妙植入产品推荐，增强购买转化。

（3）冲突反差型内容：增强传播裂变

短视频平台的推荐机制决定了内容需要具备强烈的吸引力，才能获得更高的曝光。因此，一些具有冲突感、反差感的内容更容易引发用户的兴趣。例如，在抖音上，一家运动鞋品牌曾发布一条短视频，展示了一双普通的跑鞋如何在极端环境（高温烘烤、冰水浸泡、刀片切割）下依然保持完整，从而突出产品的耐用性。这种极具视觉冲击力的内容，往往能获得更高的转发量和互动率。

案例：某国际美妆品牌的短视频营销成功之道

为了更直观地展示短视频平台在品牌营销中的价值，我们看一个国际美妆品牌的案例。该品牌主打"高端护肤"理念，希望通过短视频平台提升市场认知度，同时拉动销售增长。

该品牌在抖音上发布了一支品牌故事短片，通过"创始人视角"讲述品牌起源、科学配方和产品研发背后的故事，并邀请用户留言分享自己的护肤经历。这种讲述方式不仅增强了品牌的可信度，还促使用户产生情感共鸣。品牌邀请了多位美妆 KOL 进行产品评测，同时鼓励普通用户发布使用体验，并设置"护肤挑战赛"话题。短视频内容包括产品质地展示、使用前后对比等，让用户更直观地看到产品效果。这种方式有效提升了用户的购买信心。

品牌在视频号推出"护肤实验室"系列内容，邀请皮肤科医生和护肤专家回答用户问题，并针对用户留言进行个性化回复。这种互动方式不仅提高了品牌的专业形象，也激励了更多用户参与讨论，从而实现了 UGC 的二次传播。最终，该品牌在短短 3 个月内实现了产品销量翻倍增长，同时品牌视频内容的累计播放量突破了 2 亿次。

2. 图文社区：深度内容的营销价值

在数字化营销的浪潮中，图文社区正逐渐成为品牌传播的重要阵地。小红书、微博、知乎等平台凭借其独特的社区文化、强大的内容沉淀能力及高质量的用户互动，为品牌提供了前所未有的营销机会。相比短视频平台的即时冲击力，图文社区更注重内容的深度、可读性和专业性，尤其适用于产品解析、使用指南及种草笔记等类型的内容。这类内容不仅能够增强用户对品牌的认知和信任，还能在潜移默化中塑造品牌形象，助力用户的购买决策。在信息爆炸的时代，用户接触的信息量呈指数级增长，品牌如何脱颖而出，成为用户信赖的选择？答案是创作深度内容。

图文社区以内容质量为核心，用户习惯于在平台上获取专业、真实、有价值的信息。因此，品牌在这些平台上发布高质量的产品解析、行业趋势分析、使用指南等内容，不仅能够吸引精准用户，还能建立权威性和信任感。例如，某护肤品牌在小红书发布了一系列关于敏感肌修护的科普文章，通过翔实的皮肤学知识向用户传递专业信息，从而在用户心中建立"值得信赖的皮肤护理专家"形象。

场景化营销是近年来品牌传播的核心策略之一，它强调在用户的生活场景中植入品牌信息，使产品与用户需求自然契合。在图文社区，场景化营销尤为重要，因为用户不仅关注产品本身，更关注产品在实际生活中的应用体验。

以小红书为例，该平台的核心用户群体以年轻女性为主，她们热衷于种草与分享。因此，一篇优质的种草笔记不仅要详细介绍产品特性，还要结合具体的生活场景。例如，在介绍一款旅行防晒霜时，除了讲解防晒指数、质地、适用肤质等基本信息，还可以通过真实的旅行经历描述在不同气候条件下的使用感受，甚至对比不同品牌的效果。这样一来，用户不仅能获取实用信息，还能在潜意识里将产品与自身的使用场景联系起来，从而提升购买意愿。

高质量的图文内容不仅是信息传播的载体，更是推动用户购买决策的关键因素。在图文社区，用户往往带着特定需求主动搜索相关内容。因此，品牌通过专业的产品解析、详尽的使用指南，能够精准影响用户的消费决策。

例如，在知乎上，许多用户在购买数码产品、家电、美妆护肤品时，都会先搜索"××产品值得买吗""××品牌和××品牌哪个好"等问题。如果品牌能够在这些问题下提供专业、客观的回答，并结合实际使用体验、数据对比、用户评价等多维度内容，将大大提高品牌的公信力，促成潜在用户的转化。不同的图文社区有不同的内容偏好，品牌需要针对平台特性进行内容优化，以达到最佳传播效果。

（1）小红书：以"真实种草"为核心

小红书用户信赖真实的用户体验。因此，品牌可以通过 KOL和 KOC 分享产品使用心得，让内容更具说服力。例如，某运动品牌在小红书推广一款跑鞋，KOL 可以发布详细的测评文章，介绍鞋子的舒适度、透气性、适合的跑步场景等，并配合真实的跑步照片和短视频使用户产生强烈的代入感。

（2）微博：打造话题热点，增强品牌影响力

微博是一个实时热点传播平台，适合通过品牌故事、互动活动、UGC 等方式提升品牌曝光。例如，一家高端咖啡品牌在微博发起"晨间咖啡时光"话题，邀请用户分享自己在喝咖啡方面的习惯，同时联合微博"大 V"、明星推广迅速引发大量讨论，使品牌成为话题焦点。

（3）知乎：以专业内容构建品牌权威性

知乎用户注重内容的专业性和实用性。因此，品牌可以通过撰写深度的行业分析、产品解析、用户指南等内容建立信任。例如，一家智能家居品牌在知乎回答"智能锁和传统锁哪个更安全"的问题时，详细对比了两者的安全性、便利性、技术优势等，并提供真实的用户反馈，大大提升了品牌的公信力。

案例：戴森如何用图文社区提升品牌认知与转化

戴森是全球知名的家电品牌，以高端吸尘器、吹风机等产品著称。其产品价格较高，用户购买前通常需要深入了解产品性能。因此，戴森非常重视图文社区的内容营销。

戴森在小红书邀请众多美妆博主、家居达人分享吹风机和吸尘器的使用体验。例如，"戴森吹风机真的值 4000 元吗？"这类内容以真实体验为核心，详细对比传统吹风机和戴森的区别，使用户更容易接受产品的高溢价。

戴森通过微博发起"我的智能家居"话题，引导用户分享自己的家电使用体验，并通过抽奖等方式提升用户参与度。同时，品牌官方账号定期发布产品科技解析，强化戴森"高科技、智能家居"的品牌形象。

在知乎，戴森官方团队积极回答关于吸尘器、吹风机的专业问题。例如，在"如何选择一款适合自己的吸尘器"这个问题下，戴森从吸力、噪音、续航、滤网等多个维度进行详细解析，并对比其他品牌的产品，帮助用户做出理性决策。戴森通过图文社区的精准内容布局成功提升了用户对品牌的认知，增强了用户的信任，并有效促进了销售转化。其在小红书的品牌笔记曝光量超百万，知乎回答的点赞数也达到了行业领先水平，为高端产品的市场渗透提供了有力支持。

3. 社交沟通平台的品牌构建策略：深度运营与全矩阵覆盖

在数字营销的全域场景中，社交沟通平台（如微信公众号、企业微信、社群等）不仅是品牌与用户互动的重要渠道，更是品牌价值传递、用户关系深化的核心阵地。与短视频、搜索引擎等流量导向型平台相比，社交沟通平台具备更强的内容承载能力和用户黏性，是品牌长期沉淀优质用户资产的重要渠道。

在当今信息爆炸的时代，用户获取信息的成本降低，选择变得丰富。但同时，信息冗余、注意力稀缺成为企业运营的一大挑战。品牌如何在社交沟通平台上构建高价值内容体系，提升用户留存率，并最终实现品牌价值转化？这需要从内容策略、用户运营、品牌矩阵 3 个维度入手，打造一个高效的社交生态系统。

（1）内容策略：基于社交沟通平台的高价值信息输出

社交沟通平台的核心价值在于内容，而高价值内容的构建必须符合用户的心理预期，才能真正吸引用户关注并促成互动。不同于短视频平台的碎片化内容，社交沟通平台更适合承载知识型、权威性、深度价值的信息。

在社交沟通平台上，深度行业分析和趋势预测类内容能够有效吸引专业用户的关注。例如，一家美妆品牌可以通过公众号定期发布护肤行业白皮书，分享最新的成分研究、市场趋势、用户洞察等内容，让用户在获取专业知识的同时建立对品牌的权威认知。

品牌理念不仅是企业内部的文化标识，更是影响用户决策的重要因素。社交沟通平台可以成为品牌价值的传播阵地。例如，运动品牌耐克通过微信公众号持续输出"Just Do It"的品牌精神，不仅分享运动员的奋斗故事，还结合社会议题，强化品牌的文化内涵，使用户对品牌形成更深层次的情感认同。

社交沟通平台在转化环节中也具有独特优势。通过企业微信或社群运营，可以精准推送限定折扣、会员专属福利，增强用户对品牌的归属感。例如，某高端咖啡品牌通过社群运营，定期推送新品试饮体验、限量款预约购买，提升了会员用户的忠诚度和消费频次。

（2）用户运营：建立高黏性社交生态

仅有优质内容并不足以支撑品牌在社交沟通平台上的长期发展，用户的互动与社群关系维护才是关键。品牌需要搭建一套完整的用户运营体系，实现用户的持续参与和深度互动。

用户从关注品牌到产生消费行为，往往经历从兴趣、信任到忠诚的多个阶段。在社交沟通平台上，企业可以通过积分体系、会员成长计划等方式引导用户逐步深入品牌生态。例如，某母婴品牌在企业微信群中建立了"新手妈妈成长计划"，提供专业育儿课程，并通过积分兑换机制鼓励用户参与，从而形成长期的社群黏性。

社群是社交沟通平台中互动性最强的场景，企业应基于用户画像进行精细化运营。例如，3C 数码品牌可以建立"摄影发烧友交流群""手机测评体验群"等，面向不同兴趣的用户提供针对性的内容和福利。这种社群模式不仅增强了用户的归属感，也促进了品牌的口碑传播。

社交平台的核心是人与人的连接，品牌可以利用 KOL 和 UGC 提高用户参与度。例如，运动品牌露露乐蒙（Lululemon）在企业微信社群中定期邀请瑜伽教练开设直播课程，并鼓励用户分享自己的训练成果，成功打造了一种"品牌＋社群＋用户共创"的生态模式。

（3）品牌矩阵：构建全渠道内容覆盖体系

在社交沟通平台的运营中，单一渠道的触达能力有限，品牌需要构建完整的内容矩阵，以适应用户的多元化信息获取习惯，提升品牌的全域影响力。不同社交平台的用户行为模式存在差异，因此品牌需要在多个平台布局，实现信息协同。例如，一家高端家居品牌可以在微信公众号推送品牌故事，在企业微信提供专属 VIP 服务，在社群中组织用户体验分享会，以不同的内容形式满足用户的需求，实现全渠道触达。

通过社交平台的数据分析工具，品牌可以追踪用户的行为路径，优化内容策略。例如，利用企业微信的用户标签功能，品牌可以细分用户兴趣，针对不同人群提供定制化的信息推送，从而提高转化效率。

品牌矩阵不局限于线上，还可以延伸到线下体验。例如，某奢侈品品牌在微信生态中建立线上预约系统，用户可以在公众号上提前预约线下门店的 VIP 服务，实现线上与线下的无缝衔接。这种模式既提升了用户体验，也增强了品牌的高端定位。

案例：星巴克的社交沟通平台运营策略

全球咖啡巨头星巴克是社交沟通平台运营的典范。该品牌在微信生态中搭建了完整的私域运营体系，通过以下策略实现了用户深度运营和高频复购。

✦ 微信公众号：定期推送品牌故事、咖啡文化科普，并结合热点话题，增强用户黏性。

✦ 企业微信：建立专属客服系统，为星巴克会员提供个性化推荐，并通过定制化优惠提高用户活跃度。

+ 社群运营：在社群中设置"咖啡知识讲堂"，邀请咖啡师分享手冲技巧，并组织用户进行内容共创，提升品牌互动率。
+ 品牌矩阵联动：结合小程序、门店体验，实现线上预约、线下消费的一体化闭环。

最终，星巴克通过对社交沟通平台的精细化运营成为一种生活方式的象征，成功提升了用户忠诚度和品牌溢价能力。

4.1.2　内容策略：体系化内容输出，提升用户黏性

品牌自媒体矩阵的内容必须具备体系化的策略，以"品牌叙事＋用户需求＋社交传播"3层内容逻辑进行运营。

1. 品牌叙事：塑造品牌形象，建立品牌故事

品牌叙事（Brand Narrative）不仅是品牌传播的一部分，更是品牌在用户心智中占据独特位置的关键策略。在信息高度碎片化的时代，用户每天会接触到成千上万条信息，唯有真正打动人心、具有情感共鸣的品牌故事才能在这场注意力竞争中胜出。品牌叙事的核心在于塑造一个连贯、真实、富有情感的品牌形象，让用户在情感层面产生共鸣，从而建立长期的品牌忠诚度。成功的品牌叙事通常具备以下几个关键要素。

（1）创始人故事

品牌的诞生往往伴随着一个值得被讲述的故事。这个故事可

以是创始人如何发现市场空白并决定创业的契机，也可以是某种独特情怀的驱动。例如，许多知名品牌的创始人故事都充满了挑战、坚持和远见，如苹果公司的史蒂夫·乔布斯在车库中开启科技革命，星巴克如何重新定义咖啡文化等。一个真实且动人的品牌起源故事能够让品牌具备人性化特质，拉近与用户的距离。

（2）价值观故事

品牌的核心价值观决定了它的长期发展方向。一个品牌的价值观通常体现在它如何与用户沟通、如何设计产品，以及如何参与社会责任等方面。例如，Patagonia 作为户外品牌，它的核心价值观是"环保与可持续发展"。因此，该品牌长期投入环保事业，并在产品制造过程中坚持使用环保材料。这样的价值观不仅提升了品牌的社会责任感，也使用户更愿意为其买单。

（3）产品故事

产品不仅是品牌的载体，更是品牌叙事的重要组成部分。一个优秀的产品背后，往往承载着创新的故事。例如，戴森的无叶风扇和吸尘器并不是简单的家电产品，而是品牌创始人詹姆斯·戴森在多年研发过程中不断试验、推翻、重塑的成果。品牌通过讲述产品研发过程中的挑战、突破和创新，可以增加产品的附加价值，使用户更愿意为其支付溢价。

（4）文化故事

品牌文化是用户长期认同品牌的重要因素。优秀的品牌会在品牌文化中融入象征性符号，使用户能够迅速识别。例如，耐克除了"Just Do It"的品牌口号，著名的"√"标志已经成为体育精神的象征。同样，奢侈品牌路易威登（Louis Vuitton）的经典印花图案也是品牌文化中不可分割的一部分。

品牌叙事不是简单地讲述品牌的历史或产品故事，而是需要构建一个完整的叙事体系，使其与用户的情感建立连接。以下是几个关键的构建方法。

（1）建立品牌的"人物角色"

品牌就像一个故事中的主角，必须有鲜明的性格特质。品牌可以通过人格化的方式塑造独特的形象。例如，特斯拉（Tesla）给人的印象是"科技先锋"，苹果（Apple）则是"极简设计的领导者"，宜家是"人人可得的设计美学"。这种品牌角色的建立有助于品牌更精准地与目标受众沟通。

（2）情感共鸣与故事冲突

所有好的故事都离不开情感共鸣与冲突。品牌叙事也需要有起伏、有转折。例如，Airbnb 的品牌故事围绕"家"展开，它不仅是一个短租平台，更是让旅行者感受到家的温暖；乐高（LEGO）在品牌故事中强调"创意、想象力和亲子互动"，使其产品不仅是积木，而且是创造力的象征。

（3）多渠道传播品牌故事

品牌叙事不能只停留在品牌官网或者宣传手册上，而需要借助多种渠道进行传播。例如，通过社交媒体、短视频、品牌纪录片、博客文章等方式，确保品牌故事能够以用户喜欢的方式呈现。耐克通过广告讲述运动员的奋斗故事，达到了激励人心的效果；可口可乐通过节日营销不断强化"快乐与分享"的品牌价值观。

2. 用户需求：精准洞察，驱动内容营销转化

在 AI 全域营销时代，用户需求（User Demand）已成为品牌内容策略的核心驱动力。品牌想要精准触达目标用户，就必须深度挖掘用户痛点，基于实际需求输出高价值内容，从而在信息过载的市场环境中占据用户心智，提升转化效率。用户需求的本质可以分为 3 个层次：显性需求、潜在需求和创造性需求。

（1）显性需求

用户已经意识到自己的需求，并主动搜索相关信息。例如，用户在购买智能音箱时，会主动查找产品的音质、智能助手功能、续航能力等参数信息。

（2）潜在需求

用户尚未明确意识到自己的需求，但在特定场景下，品牌可以通过内容启发用户。例如，用户在浏览家居装修案例时，可能对智能家居的便捷性产生兴趣，从而萌生购买智能灯光系统的意愿。

（3）创造性需求

用户原本没有认知到这种需求，但品牌通过内容塑造创造了一种全新的消费场景。例如，AirPods Pro 的空间音频功能，最初

并不是用户主动寻求的卖点，但苹果公司通过内容营销让用户感受到其沉浸式体验的独特价值，最终形成市场需求。在内容营销中，品牌需要针对不同层次的用户需求制定差异化的内容策略，确保信息能够精准抵达用户并促成最终转化。

内容输出的核心原则是围绕用户的核心需求和痛点，提供有价值的内容。这包括以下几种关键内容形式。

（1）实用性教程（How-to Guides）：降低用户学习成本，提升信任感

现代用户在购买产品之前，往往希望先学习如何使用、如何优化体验。因此，品牌可以通过教程类内容帮助用户降低学习成本，增强对产品的信任。例如，美妆品牌可以制作"新手眼妆教学"，教会用户使用某款眼影盘，实现最佳妆效；智能家居品牌可以提供"智能音箱家庭场景应用指南"，让用户直观了解不同功能的使用方式。这类内容不仅提升用户体验，还能增加用户对品牌的依赖度，从而提高复购率。

（2）产品科普（Product Knowledge）：强化产品认知，提升购买决策

产品科普内容的核心是让用户更深入地理解产品特性，从而建立品牌信赖感。例如，在 3C 数码行业，许多用户并不清楚音响的全频喇叭与高音单元有何区别，品牌可以通过内容解释不同喇叭设计的优劣势，帮助用户做出理性决策。同样，在健康食品领域，用户对益生菌种类知之甚少，品牌可以科普不同菌种的作

用，让用户对产品的健康价值有更清晰的认知。

（3）对比测评（Comparative Reviews）：强化购买信心，减少决策焦虑

互联网时代，用户的购买决策越来越依赖对比测评。品牌可以通过专业测评，展示产品在实际使用场景中的表现，并与竞品进行客观对比。例如，智能手机品牌可以对比不同型号在续航、摄像、性能方面的表现，帮助用户做出更符合需求的选择。家电品牌可以制作"空气净化器不同滤网技术解析"，通过实际数据对比展示自家产品的优势。这类内容不仅能提升用户信心，还能有效减少用户决策过程中的焦虑，提高成交转化率。

（4）场景化种草（Scenario-Based Marketing）：构建沉浸式体验，激发购买欲望

仅靠单纯的产品信息输出，往往难以打动用户。因此，品牌需要结合消费场景，将产品融入真实生活片段。例如，户外运动品牌可以通过"周末露营必备装备清单"，展现户外场景中不同装备的实际应用，让用户更直观地感受到产品的价值。同样，家电品牌可以通过"智能厨房的一天"短视频，展现如何通过智能厨具提升生活便利度。这种场景化内容能够有效缩短用户的想象距离，让用户在潜移默化中接受品牌信息，从而促成购买。

案例：戴森如何基于用户需求打造高转化内容

戴森是一个典型的内容营销成功案例。其在推广吹风机、吸

尘器等产品时精准洞察用户痛点，并通过多层次的内容策略实现了高效转化。

许多用户在购买戴森 Supersonic 吹风机前，都会关注其造型效果和护发功能。因此，戴森推出了一系列"如何用 Supersonic 打造顺滑发型"的短视频，详细讲解不同风嘴的使用方式，让用户更直观地感受产品的实际效果。这种教程类内容不仅降低了用户的学习成本，还增强了他们对产品的信任感，从而提高了购买意愿。

戴森在推广其无绳吸尘器时，深知许多用户对"吸力衰减""过滤系统"并不了解。因此，其在官方内容中通过可视化动画演示戴森数字马达的运作原理，并对比传统吸尘器的吸力下降问题，向用户展示自家产品的技术优势。这种科普内容强化了用户对品牌技术的认知，使其愿意为更高端的产品买单。

为了打消用户对高端吸尘器价格的顾虑，戴森推出了多个"传统吸尘器对比戴森吸尘器"的测评内容，包括吸力测试、噪音测试、电池续航测试等，直观展示其产品的领先性能。这种方式有效减少了用户的决策焦虑，提高了购买转化率。

戴森在社交媒体上投放了大量"居家清洁日记"类内容，结合不同的家庭场景，展示戴森吸尘器如何在宠物家庭、婴儿家庭、都市单身公寓等不同生活场景中的应用。这种真实生活化的内容让用户更容易产生共鸣，从而激发购买需求。

3. 社交传播：让品牌成为用户社交生活的一部分

在当今数字化高度发达的时代，社交传播已成为品牌构建用户关系、提升品牌影响力的重要策略。社交传播不仅是品牌单向输出内容，而且是通过创造互动性的内容与用户建立紧密联系，让品牌深度融入用户的社交生活，从而增强品牌黏性，实现用户自传播和口碑扩散。

在传统营销模式下，品牌通常处于主导地位，用户被动接受信息。然而，在社交媒体主导的今天，用户不仅是信息的接收者，更是内容的生产者和传播者。他们希望能与品牌建立互动关系，甚至在品牌发展过程中拥有一定的话语权。品牌若能提供参与的机会，用户将更愿意投入时间和情感，形成更深层次的连接。

例如，耐克发起的"你就是运动员"（You're an Athlete）挑战，鼓励全球用户在社交媒体上分享自己的运动故事，不论职业选手还是业余爱好者，都可以通过该活动展示自己的运动精神。这个活动不仅让用户成为品牌内容的贡献者，还加强了用户的归属感，成功激发了全球范围的社交传播。

社交媒体的核心特性之一是信息的高速传播和裂变效应。一个有趣的品牌挑战、一场引发共鸣的话题讨论能够在短时间内吸引大量用户自发参与，并通过社交网络实现指数级扩散。

TikTok（抖音）上的许多品牌挑战赛便是这个原理的最佳体现。例如，食品品牌多力多滋（Doritos）发起"撞击超级碗"

（Crash The Super Bowl）广告创作比赛，邀请用户自己拍摄广告并投稿，优胜者的作品将在超级碗广告期间播放。这不仅极大地调动了用户的创作热情，还让品牌广告在社交媒体上形成了病毒式传播。

一个品牌能否长久占据用户的心智，取决于它能否让用户持续关注并参与互动。社交传播的最终目标不是一次性的热度，而是长期的用户关系维护。品牌可以通过定期策划社交互动活动，如品牌联名挑战、社区话题讨论等，持续吸引用户关注，培养品牌忠诚度。

星巴克长期举办"红杯挑战"（Red Cup Contest），每年冬季邀请用户上传星巴克红杯的照片，并通过社交平台分享自己的节日故事。这种用户共创内容（UGC）不仅提升了品牌的节日氛围感，还加强了用户之间的情感连接，使星巴克成为许多人冬季仪式感的一部分。

用户挑战赛是一种极具社交传播力的互动方式，通过设定有趣的挑战规则，鼓励用户参与并分享，形成病毒式传播。例如，"冰桶挑战"（ALS Ice Bucket Challenge）最初是为渐冻症患者筹款的公益活动，但因简单有趣且带有挑战性质而在全球范围迅速扩散，最终吸引了众多名人参与。这种做法使公益活动的影响力达到了前所未有的高度。

话题征集是一种门槛较低的社交传播方式，品牌可以通过设定特定的话题标签，引导用户围绕品牌展开讨论。例如，苹果（Apple）长期以来通过标签"Shot On iPhone"，鼓励用户上传自已用 iPhone 拍摄的照片，展示 iPhone 的拍摄实力。这种做法不仅让用户成为品牌内容的创造者，还提升了品牌的社交影响力。

品牌联名是一种高效的社交传播策略，通过与其他品牌、KOL 或 IP 合作，共同策划互动活动，吸引不同圈层的用户关注。例如，Supreme 与路易威登的联名合作不仅吸引了街头潮流文化的受众，也让奢侈品用户对潮牌产生了兴趣，实现了双赢。

案例：可口可乐的"昵称瓶"营销

可口可乐的"昵称瓶"营销活动是社交传播的经典案例之一。品牌将传统的可乐瓶包装改为印有各种流行昵称的定制瓶，如"小仙女""老铁""学霸"等，鼓励用户寻找与自己或朋友相关的昵称，并在社交媒体上分享。

最终通过这个活动，可口可乐在全球多个市场实现销售增长，并在社交媒体上形成了巨大的话题热度。

4.1.3　流量机制：站内外联动，实现精准转化

品牌矩阵内容的流量来源不局限于自然曝光，还需要通过多渠道联动提升传播效率。

1. SEO+ 社交裂变：双轮驱动的品牌内容优化策略

在数字营销的生态体系中，品牌的曝光与传播路径已远不止于传统的广告投放。越来越多的品牌开始意识到，通过搜索引擎

优化（Search Engine Optimization，SEO）和社交裂变的结合，可以最大化品牌的被动搜索曝光，并在用户自发传播的过程中实现指数级增长。这种双轮驱动模式既能确保品牌在搜索引擎中的长期可见性，又能借助社交平台的高传播性打造更具生命力的品牌内容矩阵。

SEO 是提高品牌内容在搜索引擎排名的核心方法。随着用户习惯的演变，品牌在百度、Google 等搜索引擎的排名高低直接影响了用户的品牌认知度和购买决策。

品牌想在用户搜索的结果中占据有利位置，首先要理解用户的搜索意图。用户在搜索时常用的关键词分为以下 3 类。

- 信息型关键词（Informational Keywords）：用户想要获取某种知识，如"如何选择防蓝光眼镜"。
- 导航型关键词（Navigational Keywords）：用户寻找特定品牌或网站，如"雷朋官方旗舰店"。
- 交易型关键词（Transactional Keywords）：用户有明确购买意图，如"雷朋太阳镜哪款性价比高"。

在 SEO 策略中，不仅需要覆盖这些不同类型的关键词，还要通过长尾关键词（Long-tail Keywords）精准匹配用户需求。例如，品牌可以优化"适合圆脸的雷朋太阳镜推荐"这类长尾关键词，满足特定群体的需求。搜索引擎越来越重视内容的相关性和权威性，因此品牌需要围绕目标关键词产出高质量的内容。例如，品牌可以创建专业评测、使用指南、行业趋势分析等内容类型，并结合数据、专家观点和用户案例增强内容的权威性。

以小红书 SEO 为例，品牌可以撰写"雷朋太阳镜怎么选？不同脸型适合的款式推荐"这样的文章，并在文章内自然嵌入品牌关键词，利用小红书的搜索推荐机制提高品牌内容的排名。

除了站内优化，外链（Backlinks）也是搜索引擎衡量网站权威性的重要因素。品牌可以通过知乎、高质量博客、行业媒体、社交媒体等渠道建立外链，让品牌内容在多个平台获得曝光，提升搜索排名。例如，在知乎上回答关于"太阳镜选择"的问题，并引用品牌官网的链接，有助于增加品牌在搜索引擎中的权重。

如果 SEO 是帮助品牌在搜索引擎中建立长线影响力，那么社交裂变则是加速品牌传播的重要策略。社交平台上的内容分发逻辑与搜索引擎不同，它依赖用户的主动传播、社交推荐和平台算法。因此，品牌需要采用裂变机制，让用户成为品牌的传播者。

不同的社交平台有不同的内容推荐机制。例如，小红书由笔记质量与互动量（点赞、收藏、评论）决定推荐流量；知乎由优质回答、内容深度、用户点赞影响排名；微博由话题、热搜及互动决定内容传播范围。

品牌在运营社交平台时，需要结合平台特性进行标题优化、标签策略、内容结构设计，以提高品牌内容的曝光率。例如，在小红书 SEO 中，品牌可以在笔记标题和正文中植入热门关键词，如"太阳镜推荐2024""不同脸型怎么选太阳镜"，从而增加被搜索和推荐的概率。

社交裂变的核心在于让用户有动力分享品牌内容。品牌可以利用以下几种裂变方式。

- 福利驱动：通过"转发抽奖""好友助力"等活动鼓励用户分享内容。
- 内容共创：邀请用户发布使用体验，形成社交口碑。
- 社群裂变：通过微信群、小程序等渠道进行私域传播，如"邀请好友进群领优惠券"。

案例：雷朋的"SEO+社交裂变"策略

雷朋（Ray-Ban）作为全球知名的太阳镜品牌，成功运用"SEO+社交裂变"策略在搜索引擎和社交媒体上建立了强大的品牌影响力。雷朋在 Google 和百度上优化了大量交易型和信息型关键词，如"雷朋经典款推荐""雷朋太阳镜真假辨别"等。此外，雷朋在官网和博客中发布了大量高质量内容，如"如何根据脸型选择太阳镜"，提升了品牌在搜索引擎中的权重。

雷朋在 Instagram 和小红书上发起"Ray Ban Moments"挑战，鼓励用户分享自己佩戴雷朋眼镜的日常照片。这些 UGC 被雷朋官方账号二次传播，形成了"品牌内容—用户参与—裂变传播"的营销闭环。

在知乎上，雷朋品牌方和 KOL 积极回答"雷朋太阳镜哪款好""雷朋和暴龙哪个好"等高搜索量问题，并在回答中植入品牌官网链接。同时，雷朋在小红书 SEO 中大量使用用户搜索量高的标题，如"雷朋太阳镜值得买吗？测评来了"，并通过高质量内容提升排名。

2. 站外引流到站内：构建高效流量闭环，提升品牌转化率

在当今数字营销环境下，流量的获取已成为品牌成长的核心命题。面对日益昂贵的站内投流成本和竞争激烈的市场环境，品牌必须拓宽流量入口，实现站外引流到站内的高效转换，以构建稳定且可持续的用户资产池。那么，如何通过短视频、达人推广、社群运营等方式，将用户从广阔的公域流量池引导至品牌自媒体矩阵，并最终提升用户转化率？本节将深入剖析流量迁移的底层逻辑，并结合案例解读如何高效落地这个策略。

随着电商平台竞争的加剧，品牌投流成本大幅攀升，ROI 逐渐下滑。一方面，在淘宝、天猫、京东等传统电商平台，仅依赖站内流量进行销售已难以满足品牌的增长需求。另一方面，短视频平台、社交媒体、内容社区等公域流量场域的崛起，为品牌提供了更广阔的获客空间。

站外流量的优势在于以下方面。

- 成本更低：相对于站内竞价式广告，品牌可以通过内容营销、社交裂变等方式低成本触达潜在用户。
- 可塑性强：品牌可在站外塑造自身形象，建立品牌心智，而非单纯依赖电商平台的规则进行竞争。
- 用户资产沉淀：引导用户关注品牌公众号、小程序、私域社群，使流量长期留存，形成品牌的自有用户池。

因此，品牌若想在当下竞争激烈的市场环境中获得长期增长，必须搭建"站外引流—站内承接—用户沉淀—再营销转化"的完整闭环，让用户不只是一笔交易，而是一个长期可运营的资产。

要实现站外引流，品牌需要精准选择合适的渠道，并结合内容、互动、激励等多种方式进行用户触达。短视频已经成为品牌营销不可或缺的战场，抖音、快手、小红书等平台汇聚了海量用户，而短视频的沉浸式体验使用户的决策链路更短，转化率更高。因此，品牌可以通过以下方式利用短视频进行引流。

- 剧情式种草：通过情景化内容展示产品在真实生活场景中的应用。例如，美妆品牌可以用素颜变妆对比短视频吸引用户，3C 数码品牌可以用极限挑战展现产品性能。
- 痛点共鸣：以用户需求为核心。例如，母婴品牌可以拍摄"新手妈妈带娃日常"的短视频唤起用户的情感共鸣，并在视频评论区引导关注品牌私域。
- 直播与短视频联动：短视频预热 + 直播引流。例如，某品牌在抖音投放预热视频，在直播间通过福利活动引导用户进入品牌私域社群，最终实现用户留存。

通过站内加粉丝群、加客服等动作可以建立用户社群，为了吸引更多用户进入私域社群，可以采用以下引流和运营方式。

- 福利吸引：如"限量领取 50 元优惠券""新人赠送试用装"，让用户愿意进群。

- 社群互动：设置专属客服、定期分享使用技巧，提高用户
  黏性。
- 会员成长体系：如"积分兑换专属产品"，激励用户长期
  留存。

案例：小仙炖的社群裂变模式

小仙炖通过"新人入群送试吃燕窝"活动，将短视频和 KOL
流量引入社群。社群内设有营养师进行答疑，并推出"好友邀请
返现"机制促使用户主动裂变推荐，最终形成强大的用户增长
闭环。

3. 用户数据运营：打造精准、高效的品牌增长引擎

用户数据已成为品牌增长的核心资产。如何通过精细化的数
据运营，优化用户体验，提高品牌流量质量，并最终实现 ROI 的
持续增长？答案在于构建一套高效的数据驱动体系，将私域运
营、精准广告投放及 AB 测试优化相结合，形成闭环，确保品牌
在复杂多变的市场环境中获得稳健增长。

在流量成本高企、平台竞争激烈的当下，品牌依赖公域渠道
获取用户的成本不断上升，而私域流量运营逐渐成为品牌提升用
户黏性、增强转化率的关键策略。私域流量是指品牌可自主掌控
的用户资产，如企业微信好友、社群成员、会员、小程序用户
等。品牌无需依赖第三方平台投流即可随时触达这些用户，从而

实现更稳定的增长。

企业微信作为品牌私域运营的重要工具，已成为品牌与用户直接沟通的核心渠道。相比传统的公众号或短信推送，企业微信具备更高的互动性和信任度，使品牌能够与用户建立更紧密的联系。

通过企业微信可以实现以下功能。

- 精细化标签管理：利用企业微信的标签体系，根据用户的兴趣、购买历史、互动行为等信息进行分层分类，实现个性化精准营销。

- 社群精细化运营：社群不仅是品牌与用户互动的场所，更是沉淀高质量用户资产的关键渠道。品牌可通过高价值内容输出、社群活动（如拼团、限时秒杀）、KOC 种草分享等方式，提升用户活跃度和复购率。

- 自动化触达体系：通过 SOP（标准运营流程）设定用户生命周期触达路径，如新用户入群欢迎、购买后服务跟进、流失用户召回等，确保品牌能在合适的时间点与用户建立有效沟通，提升用户体验。

私域运营的核心价值在于可持续的数据沉淀和精细化分析。品牌需要搭建数据管理平台（Data Management Platform，DMP），对私域用户的行为数据进行采集、清洗、分析，从而不断优化营销策略。例如，通过数据分析发现某类用户在特定时间段的活跃度更高，品牌可以针对性地调整推送时间，提高转化率。DMP

是品牌广告投放的"神经中枢"，通过整合第一方数据（品牌私域数据）、第二方数据（合作伙伴数据）和第三方数据（广告平台数据）建立精准的用户画像，提升广告投放的精准度和 ROI。

品牌在投放广告时需要考虑如何在搜索引擎、社交媒体、信息流广告、短视频平台等多渠道联动，形成完整的营销闭环。不同的渠道适合不同阶段的用户触达，具体说明如下。

- 品牌曝光期：以抖音、快手、小红书等社交平台的 KOL 种草内容吸引潜在用户的注意力。
- 兴趣转化期：通过精准的信息流广告（如朋友圈广告、微博粉丝通等）加强品牌认知。
- 成交转化期：利用 SEM（搜索引擎营销）、购物广告等捕捉高意向用户，直接引导购买。
- 复购促活期：结合私域运营，如企业微信＋精准二次投放（如短信＋广告重定向），提高老用户的复购率。

案例：某品牌如何利用数据运营提升 ROI

某国际护肤品牌希望通过数据运营提升线上销量，他们采取了以下策略。

- ✦ 通过企业微信 SOP 体系对用户进行分层管理，实现精准触达。在社群内定期推送护肤知识，引导用户参与互动，提高用户黏性。
- ✦ 利用 DMP 数据分析用户购买路径，优化广告投放策略，减少低效投放。通过 Lookalike 人群扩展提升新客获取效率。

✦ 在广告素材方面，测试不同风格的产品宣传视频，最终选出点击率最高的版本。

✦ 在定价策略上测试"直降 50 元"与"买一送一"，最终发现后者的转化率更高。最终，该品牌的私域用户增长了 180%，广告投放 ROI 提升了 47%，整体销量增长了 62%。

4.2 KOL 矩阵搭建与运营

KOL 是品牌传播的加速器，能够借助他们的影响力为品牌赋能。通过构建 KOL 矩阵，让不同层级、不同平台的达人协同运作，使品牌内容形成扩散效应，实现口碑裂变与精准触达。品牌需要根据自身的营销目标，构建一个从头部到腰尾部的多层次 KOL 矩阵，以实现不同层次的传播效果，采用分层策略匹配不同层级的达人，实现"品效合一"。

4.2.1 头部 KOL：品牌增长的信任引擎

KOL 已成为品牌传播的重要渠道。其中，头部 KOL 是指粉丝数量庞大、行业影响力极强的明星、"大 V"和社交媒体上的百万级 KOL。他们的社交资产不仅包含数量庞大的忠实粉丝，还拥有极强的内容创作能力和市场话语权，使他们成为品牌传播中不可或缺的重要角色。

　　与腰部和尾部 KOL 相比，头部 KOL 的影响力不仅限于社交媒体平台，其形象和观点往往能够直接影响大众的消费决策，甚至能在某些领域引导市场趋势。因此，品牌在新品发布、市场教育及品牌宣传等关键节点都会优先选择头部 KOL 作为合作对象，以迅速建立品牌信任、提升产品认知度，并在短时间内扩大品牌影响力。

　　品牌信任是用户决策链条中的重要一环。特别是对于新品牌或新产品而言，用户往往会因为缺乏信任感而犹豫是否购买。头部 KOL 的代言或推荐就相当于给品牌贴上了一张"信任标签"，使品牌获得更强的公信力。

　　在消费心理学中，有一个重要的概念叫"社会认同原则"，即人们对某个决策感到不确定时，往往会参考社会权威或大众的选择。而头部 KOL 的推荐正是这种心理机制的最佳应用，他们的身份、专业性及过往积累的个人品牌形象会让消费者更容易对其推荐的品牌产生信任。

　　例如，科技品牌 Apple 在发布新品时，除了官方发布会，还会邀请全球知名的科技 KOL，如 Marques Brownlee（MKBHD）等进行深度测评。这些 KOL 的专业性和长期积累的影响力使用户更愿意相信他们对新产品的评价，从而减少购买决策的不确定性。

　　许多品牌的产品，特别是涉及科技、护肤、健康等领域的产品，往往具备较强的专业性，普通用户在初次接触时可能难以理解其核心价值。此时，头部 KOL 可以通过通俗易懂的方式向用户科普产品知识，降低认知门槛，提升市场接受度。

这种策略在高科技和创新型产品中表现尤为明显。例如，戴森在推广其无叶风扇时，许多用户难以理解其工作原理及优势。戴森邀请了多个科技 KOL 进行产品拆解和功能解析，使用户更直观地了解产品的核心技术，从而加快市场教育进程。

头部 KOL 在市场教育方面的另一个关键价值在于，他们能够通过自身的内容创作能力，把复杂的产品概念转化为用户感兴趣的内容。例如，某些美妆博主在介绍新款护肤品时，并不会直接进行产品参数讲解，而是通过"护肤日常 Vlog"或"护肤大比拼"形式让用户在观看娱乐化内容的过程中自然接受产品教育。

头部 KOL 的粉丝基数通常达到了百万级，甚至千万级。因此，他们的内容一旦发布，就能够在短时间内引发大量传播，从而为品牌带来极大的曝光。这对于新品发布、品牌升级或市场扩张而言是不可替代的资源。此外，头部 KOL 的内容往往具备更高的二次传播价值，他们的粉丝群体不仅庞大，而且具备较高的忠诚度和互动意愿。当 KOL 发布与品牌相关的内容时，其粉丝很可能会主动分享、评论甚至进行二次创作，从而进一步放大品牌的传播效果。

以奢侈品牌 Gucci 为例，该品牌在进入 Z 世代市场时邀请了多位时尚博主和明星进行品牌宣传，利用社交媒体打造"GucciStyle"等标签，引发大量用户自发参与，从而形成了一场声势浩大的社交传播活动。

案例：苹果新品发布的 KOL 策略

苹果公司（Apple）每年都会发布新款 iPhone、iPad 等产品，而苹果的市场营销策略中，KOL 营销始终是重要的一环。在 iPhone 15 发布后，苹果公司选择了一批全球头部科技 KOL，如 Marques Brownlee（MKBHD）、Unbox Therapy 等，他们在 YouTube、Instagram 等多个平台同步发布测评视频和产品体验内容。这些 KOL 不仅具备强大的粉丝基础，而且在科技领域具备极高的权威性，他们的评价直接影响了全球用户对新品的认知。

通过这些 KOL 的分享，可以达到以下 3 个目的。

+ 提升市场信任度：通过这些 KOL 的客观测评，用户对新款 iPhone 的核心功能和创新点有了清晰的理解，从而增强了购买信心。
+ 强化市场教育：新产品的核心亮点，如 A17 芯片的性能、相机升级等，通过 KOL 的视频分析得到了详细解读，帮助用户更快地理解产品价值。
+ 促进社交传播：KOL 的视频引发了大量用户讨论，许多粉丝在社交平台上主动分享视频，并发表自己的观点，从而带动了更广泛的市场关注度。

苹果的这个策略不仅使新品获得了极高的市场关注度，而且建立了用户对产品的信任感。这种模式已经成为科技品牌在新品发布时的标准营销方法，并被广泛应用于多个行业。

4.2.2 腰部KOL：品牌增长的核心驱动力

KOL已成为品牌传播的重要力量。而在KOL体系中，腰部KOL（即粉丝量在10万至100万之间的博主）凭借其专业的内容创作能力、较强的粉丝黏性及较高的信任度，逐渐成为品牌营销的核心推动力。相对于头部KOL的高流量效应和长尾KOL的广覆盖优势，腰部KOL在影响力、互动率和性价比之间找到了一个微妙的平衡点，这也使他们在营销策略中扮演着至关重要的角色。

腰部KOL通常专注于某个细分领域，如美妆、数码、健身、家居、母婴等。他们的粉丝群体相对垂直，关注者大多是对该领域有明确兴趣或消费需求的人群。这种精准触达能力使品牌可以通过腰部KOL的推荐，高效地影响潜在用户的决策过程。

与头部KOL相比，腰部KOL的粉丝基数虽然较小，但他们的互动率往往更高。由于腰部KOL的社群关系更紧密，他们能够与粉丝进行更加频繁和深入的互动，包括回复评论、私信沟通、直播连线等。这种强互动性让粉丝更容易被其种草内容影响，从而提升品牌的转化率。

腰部KOL普遍具备较强的内容创作能力，他们能够通过图文测评、短视频分享、直播讲解等方式，结合自身真实的使用体验向粉丝传递产品价值。这种深入的内容种草比单纯的广告投放更有说服力，能够有效地缩短用户的决策路径，增强品牌的市场渗透力。

头部 KOL 的合作费用往往高昂，且由于其受众广泛，品牌在投放时容易出现流量浪费的问题。相比之下，腰部 KOL 的合作费用更合理，同时能够精准覆盖目标用户，确保每一笔营销预算都能带来更高的 ROI。因此，在品牌预算有限的情况下，腰部 KOL 往往是更具性价比的选择。

案例 1：美妆品牌的社交种草战役

某国际知名护肤品牌在中国市场推广一款新型抗衰老精华。起初，该品牌尝试通过头部 KOL 进行推广。但由于费用高昂，ROI 不理想。于是，他们调整策略，转而选择了一批拥有 20 万 ~50 万粉丝的腰部 KOL 进行深度合作。

这些腰部 KOL 以护肤博主为主，他们通过详细的使用测评、成分解析、肌肤改善对比等方式在社交平台上发布了大量优质内容。同时，他们在评论区与粉丝积极互动，回答关于产品的各种问题，并鼓励粉丝尝试使用。这种精准营销方式使该精华在短时间内迅速走红，并成为当月天猫护肤品类销量的第 3 名。

案例 2：数码品牌如何借助腰部 KOL 破圈

某国产耳机品牌在推广新品时选择了科技数码领域的腰部 KOL 进行测评。KOL 们通过详细的拆解分析、音质对比、场景测试等方式，将该耳机的降噪技术、佩戴舒适度和续航能力等优势直观地展现给粉丝。

腰部 KOL 的粉丝大多是热衷于数码产品的用户，对产品性能有较高的要求。因此，这些真实、专业的测评内容极大地增强了产品的可信度和吸引力。最终，该品牌新品耳机在电商平台的用户评价中获得了极高的好评率，其销量在发售前 3 个月内增长了 300%。

案例 3：家居品牌的生活化营销策略

某家居品牌在推广智能清洁机器人时邀请了一批以家庭生活和家居整理为主要创作内容的腰部 KOL 进行推广。这些 KOL 以 Vlog 的形式在真实的家庭环境中展示产品的使用效果，结合日常生活的场景，如宠物掉毛、儿童活动区域清洁等，让粉丝直观地感受到了产品的实用性。

由于这些内容极具生活化，且 KOL 本身就与粉丝建立了较强的信任关系，因此该品牌的智能清洁机器人迅速积累了大量种草用户，并最终推动了销量的大幅增长。

4.2.3 尾部 KOL：精准带货的信任杠杆

在当今的全域营销体系中，KOL 已成为品牌增长不可或缺的营销要素。而在 KOL 的不同层级中，尾部 KOL（在某种意义上，KOC、种子用户也可归入其中）正日益成为精准带货和用户裂变的重要推动力。

KOC 通常是指那些没有庞大粉丝基数，但在特定圈层具有较强影响力的普通用户。他们往往是真实的用户，基于自身的体验分享产品信息。因此，相对于头部 KOL，KOC 的信任度更高，他们能够以"朋友推荐"的方式影响其社交圈层，推动更深层次的用户转化。

随着数字营销和社交电商的迅猛发展，品牌从单向传播走向社交裂变，尾部 KOL 在长尾效应中展现出强大的商业价值。品牌通过挖掘这些精准带货选手，不仅可以触及更细分的受众群体，还能够有效提升品牌的用户黏性，实现用户增长的指数级放大。

相对于头部 KOL，尾部 KOL 的内容更贴近普通用户的消费场景。他们本身就是产品的目标用户，在使用产品后基于个人真实体验分享购买心得，因此更容易引发共鸣。尤其是在社交媒体碎片化的传播环境下，用户更倾向于相信朋友、熟人的推荐。而尾部 KOL 的影响力正是建立在"熟人经济"和"社交信任"之上。

与动辄百万元级投放预算的头部 KOL 不同，尾部 KOL 的合作成本相对较低，品牌可以在有限的预算下覆盖更广泛的受众群体。更重要的是，尾部 KOL 的转化率通常更高，其 ROI 远超头部 KOL。例如，一个精准的种子用户推荐可能比一个流量型 KOL 的带货效果更可持续，因为前者带来的用户更精准、更具购买意愿。

尾部 KOL 的另一个独特优势在于，他们往往拥有较小但高度活跃的社群。例如，某个 KOC 可能只有 3000 个关注者，但其中可能有 50% 都是同类型的目标用户。当这些 KOC 推荐产品时，他们的追随者很可能也会被种草，从而产生自发的二次传播。这种社交裂变效应使品牌的传播链条更加长远，影响力可以逐层递进，持续扩大。

品牌在选择尾部 KOL 时，不能只依靠流量或粉丝数量，而应关注其用户画像、互动率及内容风格。通过精细化的数据分析，品牌可以建立一个"种子用户池"，涵盖不同社交平台的活跃用户，并根据他们的影响力、兴趣领域、历史带货表现等进行分级管理。

KOC 的推荐之所以有效，关键在于他们的内容本身具备社交价值，能够引发用户的兴趣和讨论。因此，品牌在设计营销策略时，可以通过社交货币的方式激励用户传播。例如，提供限量折扣、会员专享福利、专属新品体验等，让 KOC 有动力主动分享品牌信息。

以小红书为例，许多品牌会鼓励种子用户发布带有"隐藏玩法"或"冷门好物"的种草笔记。由于此类内容具有独特性，用户更容易被吸引并主动分享，从而带动品牌在平台上的自然传播。

尾部 KOL 的传播效果需要借助数据分析来优化。品牌可以追踪不同 KOC 的带货表现，分析哪些内容风格、标题、话题标签能够带来更高的互动率和转化率。通过不断迭代优化，品牌可以找到最适合自身的 KOC 营销策略。

案例：完美日记的 KOC 营销策略

完美日记作为国货美妆品牌的代表，通过精准的 KOC 营销在短短几年内崛起，成为行业标杆。其成功的核心策略之一，就是构建了一套完善的种子用户体系，并充分利用尾部 KOL 的信任进行裂变传播。

完美日记深知，KOC 的价值在于真实的用户口碑。因此，他们推出了"美妆体验官"计划，招募大量普通用户成为品牌的种子用户，并为其提供新品试用、社群交流、品牌专属活动等权益。这些种子用户体验产品后会自发地在社交媒体上分享使用心得，进而吸引更多用户关注品牌。

完美日记在小红书上布局了数万个 KOC，覆盖不同肤质、风格、年龄段的用户。他们的笔记内容不局限于产品测评，还包括妆容教学、护肤搭配等高互动内容，从而吸引更多用户参与讨论。同时，品牌在微信社群中鼓励用户转发笔记、邀请好友加入，进一步放大了传播效果。

完美日记通过数据分析，不断调整 KOC 营销策略。例如，他们发现，平价替代类的内容在小红书上最容易吸引用户关注，因此在 KOC 投放时特别强化了该类内容的创作方向。同时，他们还通过 AI 技术分析用户反馈，精准匹配合适的种子用户进行合作，确保每一笔投放都能带来最大的转化效果。

4.3 用户裂变矩阵搭建与运营

用户生成内容（UGC）是品牌信任体系的重要组成部分，真实用户的口碑推荐比任何广告更具说服力。通过构建 UGC 矩阵，可以激发用户自发传播，形成品牌裂变效应。

UGC 的价值不仅体现在能影响购买决策，还体现在能直接推动品牌的社交裂变效应。一个忠实用户的真实好评可能会带来数十甚至数百个潜在用户的关注。如果品牌能够构建完善的 UGC 矩阵，让更多用户自愿分享自己的使用体验，则能形成强大的口碑传播，驱动品牌的营销业绩持续增长。

4.3.1　真实用户内容沉淀，建立品牌信任感

信任是品牌与用户之间最坚实的桥梁，而真实用户内容正是构筑这座桥梁的重要基石。相比品牌精心制作的广告和宣传物料，用户更倾向于相信"普通人"的真实反馈。这是因为社交媒体的兴起打破了传统品牌单向传播的模式，UGC 成为用户决策过程中重要的信息来源。

用户的分享更具说服力，甚至影响潜在用户的购买决策。

- 社交证据（Social Proof）效应：人们在看到大量用户对某款产品或品牌持积极态度时，会倾向于认为该产品值得信赖，并产生跟随购买的心理。
- 真实性和共鸣感：用户生成的内容往往带有个人情感和真实体验，比品牌自己生产的内容更具亲和力。它们以更自然的方式展示产品，符合目标受众的心理需求。

- 搜索与可见性提升：在 SEO 中，UGC 内容也能起到很大的作用。用户在社交媒体、论坛、博客等平台的讨论可以提升品牌在搜索引擎中的排名，提高品牌曝光度。

品牌要想充分利用用户内容沉淀信任感，需要在多个维度上做好规划。

1. 鼓励用户分享真实体验

（1）打造激励机制

品牌可以通过优惠券、积分奖励、专属权益等方式，鼓励用户在购买后主动分享自己的使用体验。例如，小红书平台上，不少品牌通过返现或试用计划鼓励用户发布测评和种草笔记。

（2）话题引导与挑战赛

品牌可以设置特定的话题标签，如"我的护肤日记""智能家居体验"等，让用户在社交媒体上分享相关内容。此外，品牌还可以发起挑战赛，如"21 天使用挑战""最美穿搭分享"等，鼓励用户参与。

（3）品牌二次传播

用户的内容可以被品牌官方账号精选、二次传播，提升其曝光度。例如，某些品牌会定期在社交平台上发布"用户精选内容"，并标注原创作者，既能激励更多用户分享，也能提升品牌的社交影响力。

2. 通过多平台沉淀用户内容

（1）社交媒体矩阵

不同平台的用户属性和内容形式各不相同，品牌可以结合自身定位，在小红书、知乎、微博、抖音等平台进行用户内容沉淀。例如，小红书适合产品使用测评，知乎适合深度解答用户疑问，抖音和微博则更适合短视频和互动传播。

（2）打造品牌社区

许多品牌会建立自己的社群，如 Facebook 小组、微信群、品牌 App 社区等，让用户在品牌生态中进行讨论、分享经验，形成长期的用户沉淀。

3. 真实用户内容的筛选与优化

（1）保证内容质量

并非所有用户生成的内容都适合传播，品牌需要筛选出高质量、可信赖的内容进行推广。例如，一些品牌会与 KOC 合作，确保用户内容的专业性与真实性。

（2）引导用户内容方向

品牌可以在分享指引中建议用户如何表达，如分享购买原因、使用前后的对比、产品独特之处等，从而提高 UGC 的内容价值。

（3）数据监测与反馈

品牌应定期分析用户内容的传播效果，比如哪些内容最受欢迎，哪些内容转化率高，并及时调整策略。

案例：小红书美妆品牌的 UGC 策略

以某国际知名美妆品牌在小红书上的内容营销为例，该品牌充分利用 UGC 建立用户信任并推动销售增长。在新品发布初期，该品牌通过 KOC 进行首轮测评，如邀请美妆达人、普通用户试用产品，并分享真实使用感受。这些测评笔记往往真实、有针对性，容易引发用户共鸣。

除了 KOC，该品牌还推出"买家秀挑战"，鼓励普通用户在小红书发布产品体验内容，参与活动的用户有机会获得新品试用、优惠券等奖励。这种方式极大地提高了用户的分享意愿，形成了大量优质的用户内容沉淀。

该品牌定期在官方账号上精选用户内容进行二次传播，并在品牌官网和其他社交媒体平台同步展示用户体验故事，进一步扩大品牌影响力。

品牌团队会分析用户发布内容的数据，如哪些使用场景最受关注、哪类测评笔记互动最高，然后优化后续的营销策略。如果发现用户最关注的是产品的持妆效果，品牌可以引导更多用户在这方面进行分享，并在产品宣传时强化这个卖点。

4.3.2 社群裂变机制：激发用户二次传播

我们发现在当下的传播环境中，品牌与用户的沟通已经不再局限于传统的单向传播模式，越来越多的品牌开始注重社群营销这个新兴的营销策略。社群裂变作为其中的一个重要组成部分，通过巧妙设计激励机制让用户成为品牌传播的主力军，从而实现病毒式的扩散效应，达到提高品牌曝光和用户增长的目的。

社群裂变机制的核心原理，就是通过一系列能够激励用户参与、分享、传播的活动设计，让用户自发地带动更多人参与进来，形成品牌的自我放大效应。这里的"裂变"并非字面意义上的简单扩展，而是指通过用户的主动参与和传播，创造出一个可持续的增长循环。这种增长方式不仅迅速，而且具有较高的黏性。

社群裂变机制的成功依赖几个关键要素，如积分奖励、好友邀请、任务裂变等。这些要素需要紧密结合，共同作用，才能实现最大的传播效果。

1. 积分奖励：增加用户参与的动力

积分奖励是社群裂变机制中最常见，也是最有效的激励方式之一。通过为用户提供积分或奖励，品牌能够激发用户的参与欲望。积分奖励机制能够将用户的行为与品牌目标紧密连接，用户通过完成某些任务获得积分，然后用这些积分兑换商品、优惠券、专属礼品等，甚至更有价值的体验。

积分奖励的最大优势在于能够提升用户的活跃度和忠诚度。通过积分机制，用户不是被动接受品牌的产品和信息，而是主动参与到品牌的活动和传播当中。这种方式能够促使用户不断地参与品牌的互动，并通过社交网络的分享进一步扩大传播范围。

例如，某品牌通过建立积分商城，让用户每邀请一位新朋友注册并完成购买，就能获得一定数量的积分。这些积分不仅能够兑换产品或优惠券，还能在品牌的其他活动中进行积累，最终换取更珍贵的奖励。积分奖励机制的核心在于让用户感受到付出的努力是有价值的，从而激发他们的传播欲望。

2. 好友邀请：通过社交链条扩大品牌曝光

好友邀请是社群裂变中最常见的一种传播方式。通过让现有用户邀请朋友加入活动或购买产品，品牌可以快速地接触到潜在用户。社交网络具有天然的传播效应，信息可以通过好友邀请这种形式快速在社交圈扩散，形成良性循环。

通过设置邀请奖励，品牌不仅能够吸引现有用户参与，还能够鼓励用户不断邀请新用户，从而实现裂变式传播。奖励的形式可以多种多样。例如，邀请一个好友注册可以获得优惠券，邀请两个好友则可以获得积分，甚至更珍贵的商品或服务。

在这种机制下，用户不仅是品牌活动的参与者，更是品牌的传播者和推广者。通过朋友间的信任关系，邀请的用户往往具有较高的转化率。因此，好友邀请不仅能够帮助品牌触达新的用户群体，还能够提高品牌的用户忠诚度。

3. 任务裂变：通过任务激励提升互动

任务裂变机制则是通过设置具体任务促使用户传播。例如，用户在完成某项任务（如分享文章、参与活动、邀请好友等）后可以获得奖励。任务裂变通常与社交媒体平台的互动密切结合，利用平台的分享功能和社交传播效应促进内容的二次传播。

这种方式特别适用于提升用户对品牌的认同感，以及增强社群的凝聚力。任务可以是非常简单的社交互动行为，如点赞、评论、分享，也可以是更复杂的行动，如完成一次购买、参与品牌举办的线上活动等。每完成一个任务，用户不仅能够获得奖励，还能进一步推动社群增长。

任务裂变的优势在于，它可以精准锁定品牌的目标用户，并通过任务设计将这些用户的行为引导到品牌所期望的方向。通过任务的设置，品牌能够有效地调动用户参与的热情，让他们不仅是被动接受信息的用户，更是积极参与品牌传播的推动者。

案例：拼多多的社群裂变

拼多多是成功应用社群裂变的典型案例。该平台通过一系列精准的裂变策略，成功打造了一个庞大的用户群体。拼多多的社群裂变机制包括拼团模式、好友邀请奖励等，利用社交链条实现了病毒式传播。

拼多多的拼团模式使用户能够邀请朋友一同参与购物，进而享受更多的优惠。这种策略不仅激发了用户的购买欲望，也让用户主动成为品牌的传播者。通过分享拼团链接，用户可以获得优惠券、积分等奖励。而通过邀请更多朋友参与拼团，用户还能够获得更大的折扣和奖励。这种社交裂变的方式使拼多多迅速在社交圈积累了大量的用户，并且通过用户之间的推荐和信任实现了超高速的用户增长。

此外，拼多多还通过积分机制进一步加强了用户的黏性。用户不仅可以通过邀请好友获得积分奖励，还可以通过平台的各种活动赚取积分，最终兑换为现金或商品。这种积分奖励机制不仅增加了用户参与平台的积极性，还促使用户持续活跃在平台上，为品牌的长期发展奠定了基础。

通过拼多多的成功案例，我们可以看到，社群裂变机制能够通过积分奖励、好友邀请、任务裂变等手段极大地激发用户的参与欲望和传播动力，从而实现品牌的快速传播和用户增长。这种裂变式传播机制不仅提高了品牌的曝光度，还增加了品牌的用户黏性，使用户在完成任务的过程中感受到更多的互动与价值，从而形成品牌与用户之间的良性互动关系。

4.3.3　话题挑战与互动营销：提升用户参与感

近几年，我们看见越来越多的品牌尝试多维度的营销方式，品牌要想脱颖而出，只依靠单向传播已经远远不够。用户不再满足于被动接受品牌信息，而是希望能够主动参与，与品牌进行更深入的互动。在这个背景下，话题挑战（Hashtag Challenge）与互动营销（Interactive Marketing）成为提升用户参与感、强化品牌影响力的重要手段。

社交话题挑战的核心在于用户驱动，它不同于品牌主导的营销内容，而是通过设置特定的挑战、任务或主题，鼓励用户主动参与内容创作，并自发在社交平台上分享。这种模式不仅能够激发用户的创作热情，还能够借助社交裂变实现品牌信息的快速传播。

1. 为什么话题挑战能够带来更高的参与度

（1）用户心理驱动

挑战本身就具有社交属性，人们天然喜欢挑战与竞争。通过设置一定的任务，让用户在完成挑战的过程中获得成就感，能够极大地提升参与度。

（2）社交认同

在社交媒体上，人们希望获得他人的认可和点赞。品牌可以利用这一点，通过话题挑战创造一个"炫耀"或"展示"自我的机会，激励用户分享内容。

（3）游戏化机制

适当的奖励和游戏化机制，如排行榜、徽章、积分兑换等，可以进一步提升用户的黏性，让他们持续参与挑战。

（4）品牌情绪共鸣

成功的挑战往往能够与用户的情感产生共鸣，如环保挑战、美妆改造、生活方式升级等，能够让用户在参与过程中找到归属感，甚至形成品牌忠诚度。

2. 如何策划一场成功的话题挑战

（1）设定清晰的主题和挑战任务

成功的话题挑战需要具备简单、易参与、可模仿的特性。主题要足够明确，挑战任务不能过于复杂，否则用户会望而却步。例如，耐克的"跑步新起点"挑战，就要求用户分享自己的跑步故事，而不是设置高门槛的运动任务。

（2）创造一个具有社交传播力的话题

话题的命名至关重要，它需要具备高度的可传播性，通常由品牌元素和用户行动构成，示例如下。

- #我的 ×× 体验 #（如 # 我的第一杯手冲咖啡 #）—— 让用户分享自己的品牌体验。
- #×× 改造计划 #（如 # 我的书房改造计划 #）—— 让用户展示品牌产品如何改变他们的生活。
- #7 天 ×× 挑战 #（如 #7 天健康饮食挑战 #）—— 通过周期性任务鼓励用户持续参与。

（3）借助 KOL/KOC 引爆话题

一场话题挑战的成功往往需要种子用户的助推，而 KOL 和 KOC 在其中扮演着重要角色。他们的参与不仅能够提供内容示范，还能带动普通用户跟进，形成规模化效应。例如，小红书的"30 天早 C 晚 A 挑战"正是通过 KOL 的亲测分享迅速带动了大众参与，最终成为美妆护肤领域的现象级话题。

（4）设置奖励机制，激励用户参与

适当的激励机制可以提升用户参与度，但奖励的设计需要符合目标群体的需求，同时避免以刷奖为目的的恶意参与。例如，星巴克的"我的咖啡时光"挑战通过用户投稿赢取免费咖啡券，让用户在真实场景中体验品牌价值，而不是单纯的金钱奖励。

（5）选择合适的社交平台传播

不同社交平台的用户属性不同，话题挑战的传播策略也应有所区别。

- 抖音/快手：适合短视频挑战，注重视觉冲击和趣味性，如舞蹈、创意短剧等。
- 微博：适合大规模话题讨论，通过明星、KOL 带动热度，如"微博挑战赛"。
- 小红书：适合种草类挑战，结合用户的真实体验分享，打造深度内容。
- 微信朋友圈/视频号：适合品牌私域传播，可通过社群活动、任务打卡等形式提升用户黏性。

总之，通过 BGC、OGC、UGC 三大内容矩阵的协同运作，品牌能够在竞争激烈的市场环境中占据先机，实现营销效能的最大化。

第 5 章

从流量到销量：

借助 AI 打造全维度

成交矩阵

流量不能变现就是浪费。在传统营销环境中，广告媒体的传播效果缺乏清晰的数据支撑，传统的购买方式也决定了从用户接触产品信息到完成购买的闭环链条比较长，传播和购买之间的逻辑关系无法直接建立。在当今全网营销的时代，在公域、私域融合运营的时代，用户的购买行为发生了巨大的变化，用户获取信息的方式空前多样，信息的类型各不相同。从获取信息到完成购买的过程变得更多样化，用户可以在信息平台上直接下单，也可能会到传统电商平台搜索对比后再下单。

例如，一个用户在小红书上被种草，有可能在小红书上直接下单购买，如果小红书没有提供购买链接，就会错失这个达成销售的机会；用户也可能去自己习惯使用的购物平台搜索，如淘宝、天猫或京东，如果这些平台没有提供相应的结果，也会错失销售机会；有些用户还会去拼多多或者自己习惯使用的微商城。如果这些平台的购买通道是畅通的，提供的产品信息是一致的，就会增加用户购买的概率。如果平台没有提供购买链接，或者提供的产品信息不一致，就有可能失去这个准用户的下单机会。

本章主要从电商矩阵分析、成交逻辑架构、素材选择与呈现帮助商家规划成交矩阵的搭建和运营思路，为全域品牌营销的下单成交环节提供全方位的实战指引。

5.1　电商矩阵分析：不同渠道的打法差异

5.1.1　电商六大模式解析

传统电商大多是点状思维，习惯的说法是"我们做了某某平台的电商"。例如，有些企业在京东开店，有些在天猫开店，有些在淘宝开店，也有些企业赶上兴趣电商和直播电商的潮流，布局了抖音电商、视频号。一家企业到底该如何布局自己的电商矩阵呢？在全媒体、全域营销时代，这种点状思维方式已经过时了，取而代之的是系统思维、公域与私域融合的全域思维。我们先从电商模式的角度解析不同模式的特点，以及 AI 在不同模式中发挥的作用。

1. 传统货架电商的"搜索为王"法则

传统货架电商的核心逻辑是基于用户主动发起搜索行为进行供需信息匹配，其本质是"人找货"。用户通过搜索获取产品信息后进行比价与决策，最终下单购买。例如，九阳破壁机通过天猫"破壁机""静音"等关键词优化，连续 3 年稳居类目前 3 名，搜索流量贡献的销售额超过 60%。

在传统货架电商的营销中，AI 工具已经发挥了重要的作用，主要体现在以下 2 个方面。

- 关键词优化系统：Moz Keyword Explorer 自动抓取全网搜索词频，生成长尾词矩阵。
- 智能比价引擎：RepricerExpress 实时监控竞品价格，自动调整促销策略。

2. 兴趣电商的"冲动消费"密码

兴趣电商成交的逻辑是基于底层算法与人性洞察。平台利用算法技术，通过分析用户的行为，在用户的浏览、停留、点赞、转发、评论、购买、复购等行为背后洞察用户的消费动机和底层需求，根据洞察的结论对用户进行标签化分层分类，再进行精准的内容匹配，从而提升成交率。

兴趣电商的本质是"货找人"，通过内容激发潜在需求。抖音的"五环模型"（曝光→点击→停留→互动→转化）决定了流量分配逻辑，其中完播率的权重占比高达 30%。

在兴趣电商中有很多成功案例，我们列举 2 个现象级案例进行全链路复盘，帮助大家理解兴趣电商背后的逻辑。

案例 1：COLORKEY 唇釉——视觉刺激的化学效应

COLORKEY 唇釉的单条短视频播放量突破 8000 万次，带动天猫旗舰店的单品月销从 2000 支跃升至 50 万支。这次营销战役的亮点在于通过出色的视觉刺激引发用户购买。在场景方面，选择清晨阳光下和酒吧的霓虹灯下，画面是模特在不同光线下的唇部特写，视觉冲击力极强。在节奏上，前 3 秒展示上妆效果，5 ~ 8 秒呈现质地流动性，结尾弹出限时优惠，紧扣用户的心理变化节奏，让销售在不经意间就达成了。

案例 2：东方甄选——知识型直播的降维打击

东方甄选直播间的场均观看时长 18 分钟远超行业平均 6 分钟的水平，单场直播的 GMV 稳定在 3000 万元以上。其成功的关键也是靠优质的内容。以董宇辉为代表的东方甄选主播从文化解读的角度组织直播语言，让用户有身临其境、徜徉在厚重的文化氛围中的感觉。

我们拆解一段话术，就能发现其中的文化价值构建逻辑。

- ✦ 开场建立文化价值："大米的历史可以追溯到河姆渡文化……"
- ✦ 中段为产品加入专业背书："每一粒米经过 2190 小时日照。"
- ✦ 结尾引起情感共鸣："让三餐充满诗意。"

在兴趣电商中，AI 工具也有了很多颠覆性应用，包括 AIGC 内容生产类和智能选品类。

（1）爆款视频生成器

借助 AI 工具，输入产品卖点（如"防水防汗"），选择模板（美食 / 美妆 /3C），AI 自动生成 10 种不同风格的脚本。

在实战中，某运动品牌用 AI 生成 100 条短视频，测试后发现"运动员第一视角"形式的点击率比常规广告高 2.1 倍。根据这个数据加大投放力度，效果就会更好。

（2）智能选品参谋

借助 AI 工具抓取 TikTok、Instagram 等平台的标签热度，结合供应链价格波动预测趋势。例如，通过 AI 工具抓取发现 2023 年夏季"多巴胺穿搭"的搜索量环比暴涨 580%，某服饰品牌提前备货，抢占市场空白期，取得了非常好的销售业绩。

3. 社交电商的裂变方程式

社交电商的成交逻辑是"信任传递"，采用的是裂变机制设计方法论，通过拼团、分销、社群等模式将用户变为推广节点。其关键指标是裂变系数（K 值）。

裂变系数（K 值）＝平均每人邀请好友数 × 转化率

下面结合 2 个成功案例拆解背后的逻辑。

案例 1：拼多多"砍价免费拿"的病毒式传播

拼多多"砍价免费拿"活动的参与人数超过 2000 万，拉新成本低于行业平均值 70%。这是一个典型的社交裂变的成功案例，拆解其背后的规则，有以下 3 条最值得借鉴。

✦ 初始进度条显示"已砍 99%"，降低心理门槛。

✦ 前 5 刀可砍掉 90% 的金额，制造即时成就感。

✦ 最后 1% 需邀请新用户，筛选高价值人群。

案例 2：完美日记的私域社群精细化运营

完美日记的社群用户年 ARPU 值达到非社群用户的 3.6 倍。其主要策略就是分层运营，通过给用户分层并提供不同的权益，牵引用户不断升级。其背后的分层结构和权益配置如下。

✦ 初级群：每日单品秒杀 + 红包雨激活。

✦ 中级群：KOC 试用测评 + 专属折扣码。

✦ 高级群：新品内测权 + 线下沙龙邀请。

在社交电商中，AI 工具可以在裂变路径优化和智能客服环节提供有效赋能，主要体现在裂变路径优化系统的应用和智能客服系统的应用。裂变路径优化系统可以监控每个用户的分享路径（微信→朋友圈→社群），自动计算各环节的转化率，标记高价值节点。例如，某美妆品牌发现分享至闺蜜群的转化率比普通群高220%，于是针对性设计闺蜜专属礼包扩大转化。智能客服促单机器人可以结合用户的消费行为节点自动发送信息。例如，当用户将产品链接分享给好友后，自动发送"还差 2 人成团，额外赠送小样"话术。采用这样的话术分发后，实测数据有了大幅度提升，成团率提升 58%，客单价增加 35 元。

4. 会员制电商的"长线价值"法则

会员制电商的本质是"服务换忠诚"，其底层逻辑就是通过设置付费门槛筛选出高价值用户，并通过提供专属权益和深度服务进一步提升其 LTV。

会员制电商的会员贡献利润计算公式如下。

会员贡献利润 = 会员费收入 + 会员消费溢价 – 专属服务成本

我们结合 2 个标杆案例拆解其背后的逻辑。

案例 1：Costco 的反向盈利奇迹

Costco 的全球会员续费率超过 90%，单店年均销售额达到 1.7 亿美元。它的商业模式可以通过 2 个关键数据洞察：一是会员费占净利润的 70%，说明了会员费的利润贡献率；二是商品毛利率严控在 11%，远低于行业平均 25% 的水平，通过低毛利给予会员更多实惠提升会员的获得感。

在购物体验方面，通过"寻宝式购物"设计（定期更换爆品位置），延长用户停留时间至 75 分钟，远高于行业平均 30 分钟的水平。

案例 2：星巴克星享俱乐部的数字化升级

星巴克的会员贡献超过 60% 的营收，复购频次达到普通用户的 2.3 倍，其背后的会员权益体系非常值得借鉴。星巴克权益体系分 2 个层级，通过消费金额累计的方式筛选更优质的 VIP 客户，并提供更高的权益配置，引导用户提升贡献值。

✦ 基础权益：免费升杯、生日赠饮（每项成本仅为 3 元 / 人，却能拉动 45 元的客单价提升）。

✦ 黑金权益：专属咖啡学院、臻选店入场券（筛选去年消费超 5000 元的核心用户）。

在星巴克的会员运营中，AI 也发挥着非常重要的作用。例如，利用 App 点单数据分析，精准预测用户的口味偏好，就可以据此提前启动备餐流程。

这 2 个案例都是通过会员制模式先设计好会员体系，通过不同的方式认定会员身份，结合消费数据对会员进行分层，在分层的基础上通过各种权益的设计提升会员的消费黏性，拉升消费频次及客单价。

AI 应用：会员生命周期预测系统

AI 可以综合考量消费频次、客单价波动、权益利用率等 15 个关键指标，运用先进的随机森林算法精准预测用户续费的概率，模型准确率高达 92%。

5. 直播电商的"即时转化"引擎

直播电商的核心是"信任经济 + 稀缺效应"，底层逻辑是流量分配与冲动消费机制。商家通过主播人设建立与用户的信任，利用限时折扣、库存倒数等设计激发抢购行为。抖音直播间的千次观看成交额（GPM）直接决定了流量的层级。

我们通过2个现象级案例进行全链路拆解。

案例1：李佳琦直播间——人货场极致匹配

根据星图数据，2023年"双十一"期间，李佳琦直播间的累计销售额达到了2151亿元，其中首场直播的GMV突破95亿元；在单品销售方面，有些品牌的销量超过了100万件。其背后的策略，我们可以从以下3个方面进行拆解。

- ✦ 构建冲动消费的价格"安全区"：李佳琦直播间80%的商品价格在50~300元，这个区间被视为激发冲动购买的"安全区"，降低了用户的消费障碍。
- ✦ 巧妙引流：每场安排1~2个超低价引流品（如1元秒杀），再搭配高毛利利润品形成引流款和利润款的高效组合。
- ✦ 话术设计：充分利用用户的紧迫感心理和从众心理。例如，开场制造紧迫感："所有女生！三二一上链接！"中控台紧密配合，实时播报，巧妙激发用户的从众心理："仅剩最后500单，抢购热潮即将落幕。"

案例2：小米品牌自播——技术流突围路径

小米官方直播间的日均观看时长高达23分钟，远超行业均值 12 分钟的水平；新机首销转化率更是达到了 **38%** 的惊人水平。
小米直播间主要采用 2 种打法的结合：一是建立专业信任，由产
品经理出镜讲解骁龙芯片的性能；二是强化科技品牌心智，在直
播场景方面搭建"极客实验室"空间，让科技感拉满。

　　小米在直播中也借助了 **AI** 工具，主要应用为实时弹幕分析
系统自动标记高频问题，如"防水等级"，自动触发提词器，提
醒主播重点讲解。

AI 时刻

　　智能排品策略系统可以实时监控直播间的 GPM、停留
时长等数据，自动调整商品的顺序，如 GPM 低于 500 时
插入引流品等；可以结合历史数据预测爆品周期，如防晒
霜在 5 月的点击率提升 270%。总之，通过 AI 系统的赋能，
可以大幅度提升直播效率。

6. OMO 新零售的全域融合革命

　　线上线下协同增效模型（Online-Merge-Offline，OMO）的本
质是打破渠道边界，构建"数据互通—体验互补—流量循环"的
生态体系。

　　OMO 全域零售的业绩计算公式如下。

　　全域 GMV= 线下流量 × 线上转化 + 线上流量 × 线下提袋

我们结合新零售标杆盒马鲜生的案例进行解码。盒马鲜生采用 OMO 的方式，线上订单占比超过 60%，坪效达到传统超市的 5 倍。其成功的关键在于以下 2 点。

（1）线上线下数据融合

- 线上：App 根据购买记录推荐"30 分钟达"菜品组合（如牛排＋红酒）。
- 线下：门店设置"海鲜现捞现做"体验区，用户扫码可查看捕捞溯源信息。

线上通过数据分析推荐产品，线下发挥数据价值改善用户体验，这样的组合方式给用户创造了更全面、更可信、更便捷的购物体验。

（2）技术赋能

盒马鲜生的成功离不开科技的赋能，门店的悬挂链系统实现 3 公里内 30 分钟送达，人效比传统商超高 3 倍；根据热力图分析优化货架布局，网红单品陈列位转化率提升 40%。

6 种不同的电商模式各有哪些核心指标、适合什么品类的商品、有什么潜在的风险，我们总结如表 5-1 所示。

表 5-1　电商模式对比决策矩阵

模式类型	核心指标	适合品类	风险预警
传统电商	搜索转化率	标准化产品	关键词竞价成本飙升
兴趣电商	GPM/ 完播率	非计划性消费品	内容同质化导致流量衰减

（续表）

模式类型	核心指标	适合品类	风险预警
社交电商	裂变系数（K 值）	高频低决策产品	过度依赖补贴损伤品牌价值
会员制	会员续费率	高复购品类	初期获客成本高昂
直播电商	实时在线人数	体验依赖型产品	主播跳槽导致流量流失
OMO	全渠道 ROI	重体验的耐用消费品	系统整合难度大

在营销实践中也有很多失败案例，下文结合某高端护肤品品牌的失败案例进行深度复盘，为大家提供借鉴。

案例：某高端护肤品盲目布局直播电商

（1）错误路径

✦ 将线下专柜 2000 元套装以 5 折价在直播间促销。

✦ 未对直播专供品进行区分，引发老顾客因价差过大而投诉。

✦ 过度依赖超级头部主播，未建立自播能力。

（2）后果

✦ 线下渠道退货率激增至 35%。

✦ 品牌搜索指数下降 40%，客群定位模糊化。

（3）解决方案

✦ 推出直播专属 SKU（如缩小装）。

✦ 建立分级直播体系（超级头部主播打爆款＋自播做长效转化）。

通过 6 类模式的系统性拆解，企业得以精确匹配自身特质，规避盲目跟风的渠道部署陷阱，从而在成本控制与效率提升中稳健前行，实现长远发展。

为了帮助大家快速上手，我们提供了一个实操工具箱，包括以下 3 个被实践检验过有效的工具。

- 会员制电商健康度检测表（含续费率、ARPU、权益使用率等 8 项核心指标）。
- 直播脚本 AI 生成器（输入产品卖点，自动输出 5 版话术框架）。
- OMO 融合指数评估模型（从数据连通性、用户体验一致性等维度打分）。

有需要的读者可以在微信搜索"AI 全域营销—洪海江"，添加我的个人微信，发送"读者"，通过验证就可以领取相关资料。

5.1.2　线下与线上如何实现双向引流

随着技术的快速发展、电商平台、内容平台空前发达，用户的注意力被分散到不同的渠道、不同的载体、不同的主题上，导致流量越来越贵，获客成本越来越高。企业要实现销售环节的降本增效，就要减少流量的浪费，实现线上和线下的双向导流，把各个场景的流量打通，形成相对完善的双向导流模型。接下来介绍线下往线上导流的 3 个方法，以及线上给线下赋能的 4 个场景。

1. 线下往线上导流的 3 个方法

（1）物理触点数字化：让每个货架成为流量入口

物理触点数字化的核心逻辑是通过将线下物理触点（产品、海报、店员）转化为数字化交互节点，引导用户进入线上私域池，实现"所见即所得"的无缝跳转。

案例 1：屈臣氏"扫码领券"的私域增长引擎

屈臣氏的"扫码领券"活动实现了小程序日均独立访客（UV）数量从 5 万个增至 7 万个，提升了 40%；扫码用户 30 天内复购率高达 58%，是非扫码用户的 2.3 倍。

这个活动的执行路径只有以下 3 个步骤：

第 1 步，在商品价签旁放置"扫码领 10 元券"二维码；

第 2 步，用户扫码后跳转小程序，自动绑定手机号并推送"新人礼包"；

第 3 步，通过企业微信推送"专属 BA"（美容顾问），提供 1 对 1 护肤咨询。

在技术支撑方面，这个活动主要解决以下 2 个问题：

第一，腾讯云慧眼 AI 识别系统自动追踪扫码设备 ID，避免重复领券；

第二，小程序与 POS 系统打通，用户线下核销优惠券后自动触发复购提醒。

宜家通过使用 AR 技术，如 IKEA Place 应用，使用户能够更直观地体验家具摆放效果，从而显著提升了客单价，达到 4200 元，比普通用户高出 35%。线上订单退货率仅 8%，远低于行业平均 25% 的水平。

在技术实现上只要以下 3 步：

第 1 步，用户打开宜家 App，轻松扫描客厅空间，即可自由选择并调整沙发模型的尺寸与颜色；

第 2 步，AR 引擎实时渲染光影效果，支持多人同时在线预览；

第 3 步，用户点击"加入购物车"按钮后，系统即刻将选择同步至官网，并贴心提供 72 小时的价格锁定期服务。

宜家的 AR 应用借助心理学中的"禀赋效应"，使用户对虚拟摆放的家具产生强烈的拥有感，从而有效促使决策周期缩短 50%；在用户购买后提供"分享到社交平台获赠运费券"功能，拉动社交传播。

宜家结合 AR 应用打通了用户购物体验的全流程，形成了选择、下单、分享的业务闭环。

（2）体验式营销升级：用游戏化打破消费疲劳

游戏化的体验设计通过互动装置、社交裂变、即时奖励等机制，将线下体验转化为线上数据资产。

案例：泡泡玛特的"盲盒机＋小程序积分"游戏

泡泡玛特的"盲盒机＋小程序积分"游戏设计让用户月均抽盒次数从 1.2 次提升至 4.5 次，小程序日活突破 200 万，复购率提升 60%。

其游戏化规则如下：

+ 线下盲盒机抽取限量款后，扫码获得"潮玩积分"；
+ 积分可兑换隐藏款购买资格或线下展会门票；
+ 小程序内设置"全国抽盒排行榜"，前 100 名玩家获赠设计师签名款。

为了引导用户持续消费，游戏设计了成瘾机制，具体规则如下：

+ 变量奖励：动态调整每次抽盒的概率，制造不确定性；
+ 进度反馈：积分进度条实时显示距离下一等级的差距。

（3）会员体系贯通：打破渠道割裂的"身份革命"

很多商场都有会员体系，用好会员体系，实现身份互通，权益共享就能让会员体系发挥更大的价值。

会员体系贯通可以提升跨渠道用户价值，公式如下。

跨渠道用户价值＝线下消费频次 × 线上客单价 × 积分互通系数

案例：银泰百货"线下积分兑换天猫券"

银泰百货实现会员体系贯通的效果鲜明，跨渠道消费用户年均消费额达到纯线下用户的 2.1 倍，会员费收入占比从 8% 提升至 22%。其具体做法如下。

首先是打通数据架构，线下 POS 系统与天猫会员码双向同步，每消费 1 元累积 1 喵街积分；积分可兑换天猫超市券、淘票票代金券、饿了么红包等多形态权益。其次是用户分层运营，即把会员分为 2 个层级：普通会员可以 1000 积分兑换 10 元券，兑换率为 12%；黑卡会员可以 800 积分兑换 15 元券，兑换率为 35%。

这 2 个做法叠加起来就盘活了会员体系，实现了用户价值提升。

2. 线上为线下赋能的 4 个场景

（1）LBS 精准引流：从"人找店"到"店找人"

基于定位的服务系统（LBS）在线下门店推荐场景中可以发挥巨大的作用。例如，美团的"智慧门店"系统整合了用户外卖地址、搜索历史、消费偏好等数据，通过 GeoHash 算法划分 200 米网格，实时推荐最近门店，使推荐效率得到明显的提升。

AI 时刻

客流预测引擎可以通过输入各种参数预测客流量。

• 输入数据：天气、节假日、周边赛事活动等 30 多个变量。

- 输出策略：通过提前 1 小时调度店员排班，有效缩短高峰期用户等待的时间。

在实践中，海底捞通过 AI 预测周末客流量，备菜准确率提升了 35%，食材损耗率下降了 18%。

（2）虚拟体验前置：降低用户决策门槛

结合虚拟体验系统，可以让用户无须到店就能体验商品或服务，从而提高购物效率，缩短了用户的购物决策链路。

有很多新技术可以实现虚拟体验功能，Gucci App 的 AR 试鞋功能采用 3D 骨骼追踪技术，实时贴合脚部运动，模拟不同材质的褶皱效果，试穿准确率达到 92%。AR 试穿用户平均浏览商品数达到 12 件，是非 AR 用户的 3 倍；到店试穿后的购买转化率高达 67%，退货率则低至 5%，远低于行业平均 25% 的水平。

再如汽车之家的"VR 云展厅"，用户可 360° 查看内饰细节，点击部件弹出参数说明，支持销售顾问实时语音导览，留资率比传统表单高 40%。

（3）社群裂变激活：从线上狂欢到线下爆满

完美日记采用社群裂变的方式，使单月社群成员数量新增 12 万，到店用户转化率高达 38%，同时推动用户生产内容，曝光量突破 2 亿次，自然流量占比提升至 25%。完美日记的"到店礼"全链路设计分以下 3 个步骤。

第 1 步，社群预热：发起"到店打卡赢取年度礼盒"活动，用户需邀请 3 位好友入群后方可解锁该任务。

第 2 步，线下转化：到店用户扫描社群专属二维码，领取限量版小样套装。

第 3 步，二次传播：鼓励用户拍摄打卡视频带话题"完美日记体验官"，获赞超 100 个可兑换正装产品。

在社群裂变中，AI 工具可以进行社群语义分析，记录高活跃用户，自动发送"社群管理员"招募邀请，对于提升裂变效率有很大的帮助。

（4）数据反哺选品：实现线下货架"听懂"热搜词的功能

盒马鲜生采用数据推动陈列的方式，"控卡专区"商品周转率提升 50%，滞销品占比从 15% 降至 5%，线下用户 App 下载率提升至 70%，跨渠道用户客单价提高 40%。盒马鲜生的"数据驱动陈列"分为以下 4 个步骤。

第 1 步，数据采集：实时抓取 App 内搜索热词，如"低卡零食""半成品菜"等。

第 2 步，需求解析：NLP算法精准提取核心需求，如"低卡"对应健康、减肥等场景。

第 3 步，陈列优化：线下货架增设"控卡专区"，集中展示相关商品。

第 4 步，动态调整：电子价签同步显示"本周热搜第 3 名"标签，提升用户关注度。

AI 时刻

智能动线规划系统的技术架构分以下 3 个层级。

第 1 层，数据采集层：Wi-Fi 探针 + 摄像头识别顾客移动轨迹，货架传感器记录用户的商品拿起次数、停留时长。

第 2 层，算法分析层：聚类分析精准定位高流量、低转化区域，如试衣间入口频繁拥堵的现象。通过关联规则挖掘，揭示商品组合关系，如咖啡与马克杯的搭售趋势。

第 3 层，策略输出层：自动生成热力图，标记"黄金展位"（离收银台 10 米内区域），提出滞销品优化布局方案。例如，将牙膏从顶层货架调整至便于取用的腰部高度。

案例：AI 助力名创优品提升成交转化率

名创优品的香薰类产品销售数据一直不是很理想。通过 AI 诊断和调整后，香薰品类的销售额增长 220%，坪效从 800 元 / 平方米升至 920 元 / 平方米，顾客平均停留时间从 7 分钟延长至 11 分钟。

第 1 步，问题诊断：通过 AI 分析香薰品类所在的区域，由于处在门店的角落，日均人流量不足 100 人，同时发现收银台前排队长，导致 30% 的用户放弃购买。

第 2 步，AI 优化方案：AI 根据获取的数据，建议将香薰区移至入口处，搭配"扫码闻香"互动装置，同时增设自助收银机，分流 50% 的排队用户。

很多商家都想学习使用线上线下融合的模式，但在实际使用时由于理解不到位、策略不清晰、执行有偏差，经常会出现一些问题。根据多年的实战经验，我们对常见问题进行了归纳，并给出了相应的解决方案。

问题 1，数据孤岛：线上线下系统未打通，用户行为记录断裂。

解法：部署客户数据平台（CDP），整合全渠道 ID。

问题 2，体验割裂：线上优惠在线下无法核销，导致用户投诉。

解法：建立 OMO 中台，统一管理权益规则。

问题 3，流量内耗：线下促销冲击线上价格体系。

解法：设置渠道专属 SKU（如线上特供套装）。

打通线上和线下是必然，双向导流是提升流量利用率、降低成本的核心策略。AI 工具的运用能极大地提升精准性、转化率和留存率，使销售效能大幅度提升。

5.1.3　如何用数据提升成交率

数据是销售决策的核心资源，通过算法对大数据进行分析可以提升成交率。如今 AI 的赋能让成交率有了更大的提升空间，主要体现在用户分层的精准营销和趋势预测 2 个方面。

运用大数据对用户进行分层，并根据不同的用户偏好进行针对性的营销，对提升营销效能有非常大的帮助。不论是什么营销场景，商品卖不出去的最主要原因是"双盲"，形象的解释就是买卖双方都是盲人：买家有需求就去各个平台一顿搜索，结果看到都是付了广告费的商品信息；卖家也不知道自己的目标用户是谁，在哪里，购买时在意的是什么。

互联网并没有消除信息不对称。因为信息爆炸，信息量超出了人力的处理能力，加上算法广告、搜索广告机制的运用，买卖双方之间出现了因为信息爆炸而产生的新的信息不对称。商家通过大数据挖掘，就能从数据的海洋中找到有价值的信息，并针对不同类型的用户推送对方感兴趣的信息，从而提升销售转化效率。例如，林清轩巧妙地运用企业微信标签体系，将用户精准划分为"成分党"与"折扣敏感型"两大群体，并据此推送定制化信息，此举使 2 类用户的转化率差异显著。

通过大数据分析还能提供各种预测，并提升成交率，主要体现在 2 个方面。

（1）通过购买意向预测提升转化率

商家可以通过数据中台捕捉用户在各个平台上的行为数据，通过产品页面打开次数、页面停留时长、比价次数等数据判断用户的购买意愿。例如，京东的"天机"系统根据页面停留、比价次数预测成交概率，其预测准确率达到 91%；对高意向用户弹出专属客服，客单价提升了 130 元。

（2）建立库存预警模型，提升转化率

光提升转化率还不够，还要考虑备货问题。备货不足会导致发货速度慢、用户满意度下降的问题，甚至有些用户因为没有现货而放弃购买。安踏通过 AI 预测区域爆款，使缺货率降至 3% 以下，对提升销售转化率的帮助也是很大的。

5.2 成交逻辑架构：打造高转化营销漏斗

用户作出购买决策是一个复杂的过程。根据用户的转化规律设计转化的逻辑架构，就能优化转化的链条，减少不必要的环节，提升成交率。其主要依据是 AARRR 模型和峰终定律。

5.2.1 AARRR 模型：用户成交的 5 个关键环节

AARRR 模型是互联网时代的用户转化模型，系统揭示了从获客到推荐的全流程，形成了用户消费流程的闭环。AARRR 模型包括获客、激活、留存、变现、推荐 5 个环节。

1. 获客（Acquisition）：低成本流量获取策略

降低获客成本，提高获客效率，是所有商家的刚需。在全域营销的背景下，商家可以从以下 3 个方面入手。

（1）公私域联动

公域重内容，私域重成交。公域导流私域变现是当下主流的获客模式。在公私域联动模式下，公域获客成本的测算可以采用以下公式。

公域获客成本＝广告投放费用 /（私域留存用户 × 裂变系数）

例如，花西子通过抖音信息流广告引流至微信社群，单个用户的获取成本从 25 元降至 8 元，这就是公私域结合的效果。

（2）AI 投放策略

AI 技术被广泛应用到营销领域，对提升营销决策效率的帮助非常大。最简单的用法就是内容"赛马机制"，通过 AI 工具可以自动生成多个广告素材，哪个素材更有效可以通过"赛马机制"进行筛选。例如，商家可以在抖音上同时投放 500 条短视频内容，通过平台的算法机制判断大多数视频内容流量平平，也总有几条会脱颖而出，对于流量表现好的作品再进行付费投放或者二次创作，都能有效节约公域内容投放的试错成本，提高投放效率。

2. 激活（Activation）：3 秒抓住用户的秘密

激活用户的关键在于抓住用户的注意力，可以从 2 个方面入手。

（1）首屏黄金法则

首屏黄金法则就是强化首屏呈现的吸引力，采用视觉与文案的有效结合，提升用户的关注度和停留时长。例如，三只松鼠的详情页首屏采用动态坚果图，点击率提升了 40%；再配合"前100 名半价"的文案，转化率提高了 22%。

（2）行为诱导设计

行为诱导设计通常要通过 AB 测试的方式进行筛选。例如，拼多多对"砍价免费拿"按钮的设定就是通过多变量测试，根据用户的行为数据进行优化，从测试结果中选择更能诱导用户行为的颜色和按钮的位置。

3. 留存（Retention）：探索让用户持续沉迷的深层机制

留存的数据体现在活跃度数据，如"日活""周活""月活"用户数，还有一个重要数据是用户的日使用时长。留存的价值可以用 LTV 进行测算，公式如下。

$$LTV = ARPU（用户平均收入）\times 用户留存时长$$

例如，网易云音乐通过"每日推荐"和"年度听歌报告"功能，显著提升了用户的月留存率；根据最新数据，月活跃用户留存率已超过 65%，同时付费会员续费率也实现了 30% 的增长。

为了提升用户的留存，有很多行之有效的策略。我们给大家准备一个"用户留存工具箱"，给出了两大类留存策略。

（1）构建成长体系设计

构建用户成长体系，让用户"深陷其中"不能自拔，并且不断成长，不断挑战新的高度，对于提升用户留存帮助很大。例如，支付宝"蚂蚁森林"通过每日浇水、能量收集任务，使用户留存周期延长 2.8 倍。

（2）场景化唤醒机制

用户的需求并未 24 小时处于激活状态，有些需求只有在特定场景下才会被激活。例如，滴滴出行凭借用户通勤数据分析，精准在早晚高峰前 15 分钟推送"限时折扣券"，成功将订单响应率提高了 40%；抖音算法识别用户深夜浏览美妆内容后，自动推送"睡前护肤攻略"直播，观看完成率提高了 55%。

AI 时刻

AI 通过行为预测实现精准触达。例如，携程利用 AI 分析用户搜索记录，对即将流失的用户自动发放"机票降价提醒"优惠券，召回率提升了 25%；猿辅导教育平台运用 AI 技术精准定位学习短板，推送个性化习题，助力完课率跃升 18%。

4. 变现（Revenue）：从流量到留量的价值转化

变现是核心目标，流量没有变现就是浪费。变现效率可以通过以下公式进行测算。

变现效率＝付费用户占比 × ARPPU（每付费用户平均收入）

为了提升用户的变现转化率，我们可以采用以下 2 种方法。

（1）分层定价策略

分层定价是推动用户付费的有效手段，其原理就是给用户"更划算"的决策理由。有些商家还会结合具体场景进行动态定价，针对性会更强，转化率会更高。例如，喜茶 GO 小程序推出"工作日折扣＋周末满赠"动态定价，使客单价提升了 22%；B

站大会员采用"连续包年享 6 折"策略，成功吸引用户，付费率激增 3 倍。

（2）隐性价值挖掘

隐性价值挖掘的是用户对产品或服务的"超值"感受。用户买的不是产品本身，而是购买产品所带来的价值，包括情绪价值、资产价值、限时福利、盈利想象等。

例如，小红书推行"笔记带货分佣"新机制，赋能腰部博主，人均广告收益飙升 2 倍。根据调研数据，腾讯视频通过实施"超前点播 + 衍生品捆绑销售"的策略，成功地将单部剧集的 ARPPU 值提升了 120%。此外，泡泡玛特通过在其盲盒小程序中添加"隐藏款概率提示"，有效提升了付费转化率，增幅达到 35%。

AI 时刻

AI 驱动动态收益管理。例如，美团外卖通过 AI 实时分析天气、商圈竞争数据，动态调整配送费定价，使高峰期每单利润提升了 8%。奢侈品电商寺库利用 AI 图像识别技术，为高净值用户推荐限量款商品，ARPPU 达到普通用户的 5.6 倍。

5. 推荐（Referral）：病毒式传播的裂变引擎

如何让用户转介绍，或者在社交媒体上发布内容间接转介绍新用户，都是商家一直在努力的方向。裂变效果用 K 因子进行测算，公式如下。

$$K\ 因子 = 单用户邀请数 \times 邀请转化率$$

最理想的状态是用户自动自发地分享。在营销实战中，几乎百分百的裂变行为都是商家策划和引导的结果，即使用户的"自动自发"也是策划出来的。在用户裂变方面，瑞幸咖啡的做法非常值得借鉴。它既充分利用了用户"爱贪便宜"的心理，又有效控制了"薅羊毛"所造成的成本增长问题，通过"邀请好友各得 1 杯"的社群活动成功使 K 因子达到 1.8，仅在 3 个月内就新增了 300 万用户。

除了瑞幸咖啡，还有很多可圈可点的裂变案例。例如，抖音极速版凭借"看视频赚金币"策略成功留存用户，随后嵌入电商入口，使变现效率跃升 3 倍；携程旅行利用推荐与场景强绑定的方式，在用户完成酒店预订后立即弹出"分享行程单领优惠券"弹窗，转化率比普通推送高 67%。

5.2.2　如何打造高效营销转化链路

用户决策是感性和理性的融合，既有理性的决策链路，也有感性的决策链路。在实际的营销链路设计中，很少采用单一理性或单一感性的链路，通常都是感性和理性结合的链路。

从本质上讲，设计营销转化链路就是系统性地回答用户的系列问题。用户的疑虑消除了，用户的信赖感建立，成交率自然就提升了。不论哪个平台，用户关注的点是基本一致的，转化链路设计的基本要素也是一致的，包括以下 5 个方面。

1. 主视频

主视频是用户打开产品页看到的第一个动态窗口，视频的信息量、感染力都比较强。好的主视频能抓住用户的注意力，建立用户决策的第一印象。主视频需要呈现产品的使用场景，凸显独特的价值点，展示产品的构成要素，体现产品的差异化，贯穿产品的调性。

2. 主图

主图作为搜索流量的主要入口，要快速建立品牌认知、场景感和信赖感，以及呈现促销信息的价值感。具体的信息包括以下 4 个方面。

- 品牌官方标识包括商标、"旗舰店"字样，建立官方背书。
- 突出产品的核心卖点，凸显产品价值。
- 图片体现场景和产品调性，强调代入感。
- 权益和价值配置，强调价值感。

3. 辅图

辅图是对用户感兴趣的信息点进行详细说明，包括产品卖点、产品结构、设计优势和品牌背书等。范例如图 5-1 所示。

图 5-1　某品牌床垫辅图构成

4. 标题

标题是链接搜索流量的核心内容，好的标题能最大限度地拦截用户的搜索流量，直接匹配目标用户，提升成交率。标题设计需要根据该品牌用户的搜索习惯，结合后台搜索数据，不能想当然。好的标题由以下 6 类常用搜索词组合而成。

- 搜索热词：用户在搜索该类产品时使用最多的词。
- 品类词：产品属于什么品类。例如，王老吉属于凉茶类，元气森林属于零糖零卡碳酸饮料。
- 修饰词：对产品的附加描述，如"高端""泰国进口"等。
- 长尾词：搜索量低，但匹配度高的词，如"冬奥会指定智能床垫"。
- 品牌词：产品的品牌。如果用户直接搜索品牌词，匹配效率极高。

- 功能词：产品的特定功能，对应的是用户的功能需求，如"打鼾干扰""哄睡模式"等。

在实战运营中，标题不是一成不变的，我们需要根据产品生命周期、用户搜索习惯的改变、营销节点等不同因素进行维护和调整。对于一些新品类、新品牌，还要结合站外内容平台的曝光量、品类和品牌的公域认识度的情况组合标题。

5. 详情页

详情页是最全面的购买信息呈现方式，需要全面细致地回答用户的各种有可能影响购买决策的问题。好的详情页，用户看完会立刻下单。不好的详情页，用户要么选择去别家看，要么会找客服问一堆问题。用户找客服问问题，多数情况是因为详情页提供的信息没有解决他们的问题，针对性不强，专业度不够。好的详情页是环环相扣的，具体范例如表 5-2 所示。

表 5-2　某品牌床垫的详情页设计表

页面 / 内容	方向	内容呈现	调性 / 风格
第 1 屏，主调性	产品标准主 KV	产品核心价值点、产品支撑点	感性 + 体验感
第 2 屏，核心卖点	差异化的卖点（同行无，我有）	痛点——对应功能点，证书及背书支持	痛点：感性 + 体验感 背书：专业 + 严谨
第 3 屏，材质	支撑：差异化卖点	核心构造的小文字分解、构造图分解	直观 + 专业 + 严谨

（续表）

页面 / 内容	方向	内容呈现	调性 / 风格
第 4 屏，辅助卖点	优于同行的功能点（同行有，我优）	对比或局部放大展示、证书及背书支持	专业 + 体验感
第 5 屏，产品细节	材质、工艺、设计	面料、衍缝、花纹、垫层、防伪、局部图特写	专业 + 严谨
第 6 屏，产品属性	产品参数表、系列产品的选择指南	名称、系列、软硬度、高度、尺寸、面料、主要材质、包装图示	/
第 7 屏，床架要求	床架风格、高度	床架设计风格，居家风格，匹配床高度，特定人群	场景化、居家风格化
第 8 屏，品牌支持	品牌力打造	品牌定位口号，品牌价值点，品牌背书 + 佐证	国际化、高端、大气
第 9 屏，物流	买家保障	售后保障、服务、配送安装、免费存储	贴心、个性化服务
第 10 屏，买家须知	补充说明	色差、尺寸等说明	专业 + 严谨
第 11 屏，价格说明	价格说明	市场价、活动价等说明	/

　　高效的营销转化链路就是从感性和理性 2 个维度给到用户全方位的决策支撑：感性方面让用户看了就喜欢；理性方面让用户觉得划算、超值。商家能做到这些，用户的成交转化率自然就能提升。

5.3 素材呈现：打造吸引力十足的销售工具

用户购买的最后一个环节是产品展示，线下就是门店的陈列，线上就是详情页。好的呈现设计能激发购买动机，促成临门一脚的购买行为；不好的呈现设计则会把用户"成功劝退"。呈现设计除了销售的基本逻辑之外，最重要的就是素材的选择，好的素材能提升信赖感。

5.3.1 素材呈现的核心目标：提高转化率与用户信任

素材呈现的本质是用内容说服用户，犹如超市中的试吃活动，通过提供小样激发顾客的购买欲望。其核心旨在通过视觉设计、文案撰写与交互体验的三重策略，激发用户兴趣并建立信任，从而引导用户完成购买或注册等核心行为。

为什么用户会被种草？下面结合 2 个案例给大家进行拆解。

1. 个性化推荐：让用户感觉被"量身定制"

招商银行信用卡 App 通过深入分析用户消费数据，实施了精准的场景营销策略。例如，为年轻用户推送"星巴克满 50 减 10"优惠，为家庭用户推荐"儿童教育分期免息"，从而实现了用户需求的个性化匹配。这种策略结合了数字化获客方式和数据分析技术，有效提升了活动转化率，达到了 15% 的提升效果。其背后的逻辑是用户只会为与自己相关的内容停留。

2. 信任感建立：打消用户的最后一丝顾虑

京东在商品详情页做了 2 项关键设计：第一，在手机品类中标注 "365 天只换不修" 服务，并展示质检流程视频；第二，在生鲜品类中实时显示 "当前 ×× 人正在浏览"，制造从众效应。这些设计让用户决策时间缩短了 40%，退货率降低了 18%。

在实践中，我们团队总结了信任建立的四大要素。

（1）真人证言

完美日记在小红书投放的笔记中，80% 的内容为普通用户 "素颜试用对比"，配合 "学生月预算 300 元怎么选" 的真实场景，新客转化成本比明星代言低 65%。

（2）数据可视化

滴滴出行在安全功能宣传中，用动态地图展示 "行程中每 30 秒系统自动检测车辆状态"，并强调 "已护航 2.3 亿人次" 的累计数据。同时，滴滴出行通过持续改进服务，如有效沟通技巧的提升，已使客户投诉率在某些地区下降了 15%。

（3）风险承诺

淘宝推出的 "极速退款" 服务在商品页面以显眼图标明确标注 "0 秒到账"，这个举措使用户在购买高单价商品时将其加入购物车的概率提高了 33%。

（4）权威背书

伊利牛奶在详情页嵌入 "国家乳品工程实验室认证" 标志，

并链接检测报告 PDF 下载，使中老年用户的购买转化率提升了 41%。

AI 时刻

随着应用范围不断扩大，AI 正在重构信任建立的方式。

（1）动态信任标签系统

拼多多借助 AI 技术，深入分析用户浏览轨迹，实时为用户生成个性化的信任提示。例如，当用户频繁对比不同手机时，页面会即时弹出"已售 1.2 万台，93% 用户选择延长保修"的浮动标签，该标签的点击率竟是静态文案的 3 倍之多。

（2）智能口碑管理

美团外卖通过 NLP（自然语言处理）技术，从海量评价中自动提取"配送快""分量足"等关键词，生成店铺特色标签。在接入该系统的商家，用户停留时长平均增加 50 秒。

（3）风险预警可视化

支付宝的"反诈 AI 客服"能在用户转账时通过对话内容识别风险交易，自动生成"近期同类诈骗案例增长 120%"的警示动画，成功拦截 37% 的高危交易。

5.3.2 不同平台的素材呈现差异：如何因平台制宜

在移动互联网时代，"一招鲜，吃遍天"的素材策略已经失效。正如火锅店售卖法式牛排一般格格不入，各平台间的用户习性、内容取向及交互模式也大相径庭。我们结合头部平台的特性与品牌的实战经验给出了平台作战地图，覆盖了微信、抖音、传统电商和小红书，供大家参考。

1. 微信生态：深度关系的培育基地

微信生态的核心特点是基于社交的内容分发机制，目前主要载体包括公众号、小程序和视频号。在分发方面，微信群、个人朋友圈、企业一键发送等传播功能都非常强大。微信生态的内容更侧重价值感。内容有价值，大家就愿意关注、点赞、转发，才能把社交属性发挥到极致。下面分享 3 个不同载体的成功案例，供大家借鉴。

- 公众号：平安保险的热门文章《30 岁前必知的五大保障盲区》，凭借选择题测试搭配个性化保障方案定制，其留资转化率跃升至传统广告的 3 倍之多。
- 小程序：瑞幸咖啡的"好友请喝咖啡"裂变活动，通过微信运动步数兑换优惠券，实现单日新增用户 23 万个。
- 视频号：百果园巧妙融合 LBS 技术，推送"附近门店到货速报"短视频，吸引用户点击，到店核销率高达 61%。

2. 抖音：3 秒定生死的注意力战场

抖音的主要属性是娱乐，如何快速抓住用户的注意力，如何环环相扣留住用户，是抖音等短视频平台内容输出要考虑的核心问题。在实战中，常用的有黄金 3 秒法则、评论运营和直播切片二次传播等。

（1）黄金 3 秒法则：视频前 3 秒直击用户痛点

花西子在美妆教程视频的开头设置"痛点暴击"："还在为脱妆尴尬？看李佳琦如何 12 小时不补妆！"完播率提升了 70%。

（2）评论运营：通过评论区热点话题引发争议，激发互动

小米官方 Redmi 新品视频巧妙借力 AI，自动生成"价格预测"热点话题，成功激起 3.2 万次用户互动，话题播放量更是突破亿次大关。

（3）直播切片二次传播：提升内容产量和传播效率

李宁直播间巧妙剪辑"限量款抽奖"高潮片段，打造"主播惊呼价"短视频，精准投流后，引流成本直降 40%。

3. 淘宝 / 京东：临门一脚的转化助推器

传统电商的素材运用需要更贴合用户的使用场景，可以借助 AI 手段强化用户体验，有效支撑用户的购买决策。例如，海尔家电通过嵌入"AI 户型匹配"功能，允许用户上传户型图以推荐适配机型，实现了咨询转化率的显著提升，达到 55% 的增幅。

传统电商还可以设计更多的用户互动，通过"买家秀"帮助

新用户建立信任，缩短决策流程。例如，三只松鼠坚果详情页创新设置"已购用户心得分享"，运用 AI 智能筛选高频疑问并前置展示，有效减轻了客服的压力，咨询量减少 30%，转化率依然稳健。

4. 小红书：精致生活的种草机

小红书是一个种草分享平台，平台上内容的主流格式为报文格式，通过图文组合的方式融合感性和理性的信息，激发用户的购买欲望，佐证产品的功能功效。常用的方法有以下 3 个。

（1）大流量报文模板快速复制

元气森林总结了"便利店隐藏喝法"内容公式：场景图（办公桌）+ 配料表（0 糖 0 卡）+ 对比图（与奶茶热量对比），同类笔记的爆文率提升了 80%。

（2）素人矩阵策略：借助"买家秀"建立品牌声浪和信任感

蕉内内衣投放 500 名腰部博主，统一使用"穿前 VS 穿后"对比模板，但要求每人结合职业特性（如教师、瑜伽教练）创作，搜索排名上升至品类前 3。

（3）4 步结合平台设计成交闭环

第 1 步，人群解码：分析平台的用户画像和内容偏好。

第 2 步，形式创新：根据用户偏好生产及传播相应的内容。例如，招商银行用虚拟偶像"小招娘"跳宅舞讲解信用卡权益，播放量超过 200 万次。

第 3 步，梗文化融合：用目标受众关注的梗，进入目标群体的话语体系。例如，支付宝将年度账单改造成"修仙等级测试"，用户转发率同比提升 140%。

第 4 步，转化设计：视频结尾创新性地设置了"一键跳转App"的按钮，取代了传统的二维码形式。

AI 时刻

AI 正在解决跨平台运营的核心痛点。

（1）智能素材裂变系统

屈臣氏通过 AI 内容中台，将 1 条主视频自动拆解为以下多种内容形态：

- 抖音的 15 秒"产品对比"竖版视频；
- 小红书的九宫格图文教程；
- 微博的投票互动话题；
- 微信的深度测评长图文。

此举使人力成本降低了 60%，同时跨平台内容的生产效率也提高了 4 倍。

（2）实时热点借势引擎

蒙牛每日鲜语接入百度热搜 API，当"上海高温"上热搜时，AI 在 30 分钟内自动生成"高温天如何锁住营养"短视频，在抖音同城榜获得 50 万次曝光。

（3）平台算法破解工具

某美妆品牌利用 AI 分析小红书最新爆文标题，发现"小众""冷门"等词语的权重上升，就迅速调整投放素材的关键词策略，使搜索结果排名跃升至首页。

结合以上内容，我们给品牌方提出了以下 3 个行动指南。

- 建立素材效能仪表盘：核心监控 CTR（点击率）、停留时长、信任指数（如质检报告打开率）三大指标。
- 实施内容 ABT 测试：不是简单的 AB 测试，而是 AI 驱动的自适应行为测试（Adaptive Behavioral Testing）。
- 着力培养"双栖型"人才：他们不仅精通用户心理学，还能精准解读 AI 数据报告，是复合型内容团队的核心力量。

当每个素材都能精准命中用户心智，当每次呈现都成为品牌价值的放大器，销售转化便会如水到渠成般自然发生，这就是智能时代素材呈现的终极奥义。

第 6 章

裂变体系运营：
让用户变成品牌的
"自来水"

你的用户属于你拥有吗？你的用户会一直是你的用户吗？他们能给你带来什么样的市场价值呢？随着市场竞争加剧，大多数商家都会面临获客问题，都想让流量资源的价值最大化。为了达成更高的销售额和利润，在获客成本提升的情况下，老用户的裂变就成了效果好、成本低的路径。

从用户生命周期的角度看，付费用户已经过了初次接触阶段、了解阶段和比较阶段，已经完成了用钱投票的购买阶段，购买行为是用户生命周期发展的"里程碑"。用户的付费行为是相信商家的表现。如果能够对已购买用户提供更多的帮助和关心，商家就有机会强化用户的满意度，从而推动复购和裂变分享。

于是，私域成为大家关注的焦点。让用户进入私域流量池，通过对用户的服务和运营让存量拉动增量，一是复购带来的增量，二是裂变拉新的增量，都能为商家创造更大的价值。本章结合作者多年的实战经验，从私域运营的价值、路径设计、裂变策略、平台选择和效果管控等方面深入阐述私域运营的方法论。

6.1　私域运营的价值：你的用户属于你拥有吗

6.1.1　公域流量与私域流量，谁才是增长的未来

如果把互联网比作一片海洋，公域流量就像在公共海域捕鱼——你需要支付高昂的渔船租赁费（广告投放），与其他渔夫争夺有限的鱼群（用户注意力），每次撒网（获客）的成本越来越高，而鱼群还可能随时游向其他海域。私域流量如同自建鱼塘，在自己的鱼塘中精心养鱼（用户），通过精细化的喂养（运营手段），不仅能随时与鱼互动（触达用户），还能促进鱼的自然繁殖（用户裂变），实现持续增长。

从"抢鱼"到"养鱼"，很多品牌在私域运营方面觉醒了。瑞幸咖啡的"鱼塘经济学"的应用就是一个典型的案例。

2020 年财务危机后，瑞幸咖啡彻底转向私域运营，创造了一个教科书级的逆袭案例，其核心策略是"LBS+ 社群"模式。通过私域运营，瑞幸咖啡在 3 个月内沉淀了 180 万个企业微信用户，复购率提升了 30%，单店月均销量突破 5000 杯，甚至出现用户主动在群里催店员补货的奇观。瑞幸咖啡私域运营的最核心策略有以下 3 个。

- 用户扫码进入附近门店的企业微信群，立刻领取 4.8 折优惠券。
- 每天上午 10 点定时推送"限量秒杀"，如 9.9 元美式咖啡。
- 设置"咖啡知识问答"，答对 3 题可兑换半价券。

中国羽绒服头部品牌波司登在私域运营上做了积极的探索，其"温暖私域"也非常成功。通过"公域导流＋私域服务"模式，波司登的私域客单价达到了公域的 2.3 倍，退货率降低了 40%。

波司登在抖音公域投放时，巧妙设计了"钩子产品"——19.9 元的暖手宝。用户下单后，包裹里附带的不是冰冷的产品手册，而是一张"专属穿搭顾问"企业微信二维码。用户添加后，顾问会根据用户的地域气候推荐羽绒服，并邀请加入"保暖穿搭社群"。

经过大量的实战案例分析，我们发现公域和私域的流量成本有非常大的区别，私域流量成本远低于公域流量成本。公域、私域的成本分析参考如表 6-1 所示。

表 6-1　公域与私域的成本对比

指标	公域流量	私域流量
单次获客成本	150 ~ 300 元	5 ~ 20 元
用户触达率	≤ 10%（依赖算法）	60% ~ 80%
复购频次	1.2 次 / 年	4.5 次 / 年

公域是流量入口，私域才是利润池。天猫数据显示，私域用户的 LTV 是公域用户的 5 ~ 8 倍。通过私域流量运营，完美日记成功地将用户的年均消费提升至普通客户的 3 倍，其本质是把"一次性过客"变成"终身资产"。

6.1.2 如何打造高黏性的私域用户群

私域运营不是拉个群、发广告那么简单，需要构建"价值—情感—成长"三位一体的用户关系。常用的策略有以下 3 个。

1. 价值供给：让用户离不开的"硬核"福利

价值供给的核心原理是利用用户"贪婪""占便宜"的心理，结合用户的会员身份，给用户持续提供价值。商家常用的方法以赠券、打折、会员特惠、会员红包等直接或间接的让利锁定用户。

案例 1：美团外卖的"会员卡牌局"

美团外卖会员体系堪称"价值供给"典范，其提供了以下 3 个权益。

+ 基础权益：每月 6 张 5 元无门槛红包。
+ 游戏化设计：完成任务可翻牌抽奖，奖品从免单券到扫地机器人。
+ 场景绑定：雨天自动推送"雨天关怀券"，深夜推送"夜宵补贴包"。

得益于便捷的续费流程和高性价比的会员服务，美团外卖会员的续费率超过了 75%，而会员用户每月平均下单频次达到了 12 次，是非会员用户的 3 倍。

案例 2：名创优品的"红包瀑布"

名创优品在企业微信中设计了"三级红包体系"：首先是入群红包，用户扫码即领 3 元无门槛券；其次是签到红包，即连续签到 7 天可得 15 元组合券；最后是裂变红包，即邀请好友入群，双方各得 5 元券。

通过这种即时反馈机制，其社群用户月均打开小程序 8.6 次。这个数据远高于行业均值 2.77 次，显示了名创优品社群用户对小程序的高度依赖和活跃度。

2. 情感连接：让用户舍不得走的心智占领

情感连接是一种比较温和的连接方式，给用户提供持续的情绪价值。用户购买产品或服务除了享受产品价值，对情绪价值的要求也越来越高。

案例 1：江小白的"故事酒局"

江小白在私域运营中采用的就是"情感营销"，主要活动设计如下。

+ 每周五晚 8 点，社群开启"故事酒局"，用户分享人生故事可获定制酒瓶。

+ 打造"小白心情电台"，用 UGC 故事制作音频内容。

+ 发起"解忧杂货铺"活动，用户投稿烦恼，由其他群友解答。

通过一系列创新的社交媒体营销策略，江小白成功地将社群活跃度提升了 40%，并激发了用户自发组织线下酒友会的热情。

案例2：鸿星尔克的"野性陪伴"

2021 年郑州暴雨捐款事件后，鸿星尔克采用以下 3 个方法迅速将流量沉淀到私域。

✦ 在抖音直播间引导观众加入"尔克大家庭"社群。

✦ 每天发布设计师手稿，邀请用户投票决定新品样式。

✦ 发起"国货穿搭大赛"，获奖者可参与新品发布会。

通过实施"共创式运营"，该企业成功地将私域转化率提升了 5 倍。同时，客群中 Z 世代的占比显著增长，从 18% 跃升至47%。

3. 成长体系：让用户忍不住投入的进阶之路

成长体系的设计是游戏设计的核心技巧，给用户设计游戏化的体验，通过完成任务"打怪升级"，让用户沉迷其中，不能自拔。这样的设计有趣味性、挑战性，同时也具备社交属性，是个人社交的炫耀资本。

案例1：Keep 的"运动人生游戏"

Keep 的私域成长体系采用的就是完整的游戏化升级体验，具体说明如下。

✦ 等级系统：完成训练可升级，解锁专属课程（如 Lv5 解锁拳击课）。

✦ 勋章墙：连续打卡 21 天获得"自律王者"勋章。

✦ 社交资产：生成"年度运动报告"可分享朋友圈。

根据 Keep 的用户活跃度数据，用户日均打开次数达到 4.2 次，显示出用户对 Keep 的高度依赖和活跃参与。

案例 2：泡泡玛特的"潮玩养成计划"

盲盒巨头泡泡玛特把私域做成了"收藏家俱乐部"，背后也是游戏化的成长体系设计。

✦ 用户购买盲盒后扫码积分，累计积分可兑换限量款。

✦ 建立"改娃大神群"，提供工具包让用户自助制作娃娃。

✦ 举办"潮玩创作大赛"，对优秀作品直接量产发售。

凭借精准把握用户的"收藏情结"与"创作冲动"，该品牌的私域用户年均消费额高达 3800 元，这个数字是普通用户的整整 6 倍。

失败案例

某国产奶粉品牌曾犯下典型错误。例如，该品牌将所有用户拉入大群，每天早中晚推送促销信息；用机器人群发"0 元领试用装"，实际需付 15 元邮费；禁止群内用户交流，剔除提问者。结果 30 天内退群率高达 65%，品牌的口碑出现断崖式下滑。这个案例说明私域不是广告牌，而是用户客厅。

6.1.3 案例解析：如何用私域撬动千倍增长

下面结合3个经典案例介绍3种非常有特点的私域裂变打法。

案例1：拼多多的"砍价裂变方程式"

拼多多是私域裂变打法的最大受益者之一，也是很多商家学习的榜样。它的私域增长密码可以用以下公式表达。

$$裂变效率 = 利益驱动 \times 社交关系链 \times 损失厌恶$$

在具体实践中，拼多多通过利益设计驱动用户行动，通过社交绑定利益并锁定社交关系链，通过砍价规则设计和心理操控让用户产生损失厌恶，引导用户参与，形成了有效的用户裂变。

* 利益设计：邀请3人助力砍价成功，被助者获新人红包。
* 社交绑定：展示"微信好友砍价排行榜"，激发攀比心理。
* 心理操控：砍价进度达到95%以后，每次只能砍0.01元，利用"沉没成本效应"迫使用户继续分享。

历史上拼多多曾经通过特定的裂变活动，如"天天领现金，打款秒到账"，在活动上线后第7天日活跃用户数量（DAU）增加1700万个，单场活动带来300万个新客，获客成本降至行业的1/10。

案例2：瑞幸咖啡的"私域咖啡王国"

瑞幸咖啡的私域运营是非常成功的。为了筛选优质客户，深度捆绑，深度运营，瑞幸咖啡在 2022 年推出了"咖啡豆养成计划"。这种"游戏＋社交＋共创"模式非常成功，使其私域用户数量突破 3000 万个，相当于每 10 个白领中就有 3 个在瑞幸社群。其主要策略如下。

✦ 用户每日签到领取"咖啡豆"，攒够 50 颗可兑换饮品。

✦ 组队比赛集豆，胜利队伍每人额外得 20 颗。

✦ 用"咖啡豆"参与新品投票，决定下季度菜单。

瑞幸咖啡设计"咖啡豆"就是一个会员激励体系，通过价值供给引导用户互动，连续复购，分享裂变，从而实现销售业绩和利润的双提升。

案例 3：蔚来汽车的"信仰级私域"

私域运营在汽车行业的典型案例非蔚来汽车莫属。该品牌的用户推荐购车占比超过 60%，相当于每卖 2 辆车就有 1 辆来自口碑传播。其秘诀在于将私域从"交易场"升级为"精神共同体"。

蔚来汽车通过车主群的运营，贯穿了车主购车的全流程，从试驾体验到购买下单，到交车仪式，再到售后服务，给用户创造全流程高品质的服务体验。蔚来的车主群被誉为"最疯狂的私域组织"，车主自发在机场设立蔚来充电桩指引牌；北京暴雨期间，车主群内自发组织救援队；还有车主自发给国内东西南北几条主干高速沿线的酒店捐建充电桩，打通"蔚来绿色出行通道"。

6.2　未来已来：你的用户主权战争

当公域流量成本突破临界点时，私域将成为品牌生存的氧气。真正的私域不是数据资产，而是用户用脚投票的信任。正如鸿星尔克私域运营负责人所说："我们不是在运营流量，而是在经营一群人的喜怒哀乐。"这场关于用户主权的战争，胜负的关键不在于技术多先进，而在于能否让用户发自内心地说出一句："这个品牌懂我。"

6.2.1　如何设计用户从新客到忠诚粉丝的旅程

用户运营如同经营一场永不落幕的游戏，需要为每个玩家设计清晰的"升级地图"。我们把用户生命周期划分为 4 个阶段，每个阶段都有对应的"通关秘籍"。

1. 冷启动期（0 ~ 7 天）：让新客"一见钟情"

冷启动期的关键任务是快速破冰。跟用户产生直接的连接，必须要有明确的行动指标，让用户完成某项具体的动作，如进群、领券、分享等。一般冷启动期的方法都比较直接，以优惠权益为主。

案例 1：美团外卖的"15 元黄金钩子"

美团外卖在冷启动期设计了一套精妙的"首单三部曲"。

- ✦ 闪电破冰：新用户注册即送 15 元无门槛红包，30 分钟内下单再赠 8 元配送券。
- ✦ 社交裂变：完成首单后弹出"分享得 20 元"页面，用户邀请 1 位好友点击即双方各得 10 元。
- ✦ 场景绑定：根据下单品类（如奶茶、快餐）推送对应商家满减券，形成消费惯性。

这套组合拳让新客首单转化率提升至 58%，分享率达到 43%，相当于每 2 个新客就有 1 个带来裂变流量。

案例 2：瑞幸咖啡的"新人咖啡庄园"

瑞幸咖啡巧妙地将冷启动期转化为游戏化体验。

- ✦ 首杯 0.1 元喝拿铁，支付后解锁"咖啡庄园"小程序。
- ✦ 每日签到浇灌虚拟咖啡树，7 天成熟可兑换真实饮品。
- ✦ 分享庄园给好友，双方各得 3 张 5 折券。

这种"游戏＋社交"模式让瑞幸咖啡的新客 7 日留存率达到 82%，远超行业平均 35% 的水平。

2. 成长期（8 ~ 30 天）：培养"非你不可"的消费惯性

成长期的关键任务是培养使用习惯，采用的策略以积分机制、成长体系为主，引导用户持续消费，提升用户活跃度及价值。

案例 1：喜茶的"集杯卡社交货币"

喜茶在成长期通过 GO 小程序设计了让人上瘾的集卡机制。

✦ 消费满 5 杯解锁"限定城市杯贴"（如北京故宫联名款）。

✦ 集齐当季所有杯贴可兑换限量版茶具礼盒。

✦ 生成"我的喝茶人格"测试海报，引发朋友圈刷屏。

通过这种"收藏＋炫耀"体系，用户的月均消费频次从 1.2 次提升至 3.5 次，小程序日活突破 300 万人次。

案例 2：蔚来汽车的"成长型试驾"

蔚来汽车定义试驾用户为成长期用户，针对这类用户推出分阶段运营策略，在他们的不同时间节点设计不同的互动环节，推动用户体验升级，通过层层升级的用户体验推动用户完成购车动作。

✦ 试驾当天：赠送定制车模，同步邀请加入"未来车主俱乐部"社群。

✦ 第 3 天：推送个性化配置方案，附赠 CEO 李斌手写的感谢卡。

✦ 第 15 天：组织"城市探秘之旅"，邀请参与线下道路实测。

通过精准营销策略和用户行为分析，试驾转化率显著提升。

3. 成熟期（31 ~ 90 天）：打造"以老带新"的传教士

成熟期的核心任务是裂变，主打以老带新，把老用户良好的信任基础和优质的消费体验转化为新用户的获取。

案例 1：京东 PLUS 的"会员裂变方程式"

京东结合 PLUS 会员体系设计了有效的裂变策略。

✦ 老会员邀请好友开通 PLUS，双方各得 50 元红包（可购买生鲜、日用百货等高频品类）。

✦ 设置"邀请排行榜"，对前 10 名用户奖励全年免单特权。

✦ 给高价值会员开放"内测新品优先购"权益。

这种"利益＋特权"驱动让老用户贡献了 35% 的新会员，会员年均消费达到普通用户的 6.8 倍。

案例 2：完美日记的"闺蜜经纪人计划"

完美日记给成熟期用户赋予"经纪人"身份，不仅让老用户享受自己消费的优惠，还给老用户提供了赚钱的机会。完美日记给"经纪人"以下 3 个有力的支撑。

✦ 开通专属推广码，好友通过该码下单可获 20% 返利。

✦ 每月举办"美妆导师大赛"，销售额排名前 100 的经纪人可以获得新品首发权。

✦ 搭建"经纪人学院"，提供朋友圈素材库、话术指南。

该计划让 KOC 人均带来 23 个新客，社群复购率提升了65%。

4. 衰退期（90 天以上）：实施 "情感召回" 急救术

衰退期的核心任务是挽留，唤醒并延续用户的生命周期，一般采用的是权益提醒和温情挽留的策略。

案例 1：滴滴出行的 "遗忘唤醒系统"

滴滴对沉默用户实施以下 3 级唤醒。

+ 初级唤醒：推送 "您有 3 张 5 元券即将过期" 的通知。
+ 深度唤醒：发送 "常去地点拥堵提醒"（如 "您公司楼下晚高峰打车难度增加 30%"）。
+ 情感唤醒：生成 "×× 先生 / 女士，您已 128 天没打车" 的年度出行报告。

根据滴滴出行的市场表现，沉默用户召回率提升了 28%，而召回的用户客单价甚至比活跃用户高出 17%。

案例 2：携程的 "旅行记忆杀"

携程针对 1 年未下单的用户启动 "时光旅行计划"，主要做法有以下 3 条。

+ 推送 "3 年前的今天，您正在三亚看海" 的回忆海报。
+ 赠送 "老友专属券"，券面印有用户历史旅行足迹。
+ 邀请参与 "旅行故事征集"，优秀作品可兑换免费机票。

这种 "情感 + 利益" 组合拳，让衰退期用户召回成本降低至新客的 1/3。

4个阶段的用户需求不同，商家的目的不同，相应的策略也不一样。商家需要结合自身的产品属性和用户画像，做好用户全生命周期的服务闭环，才能把用户价值发挥到极致。

6.2.2　让用户裂变的三大核心策略

裂变不是简单地分享，而是设计一场"人性的博弈"。我们需要同时激活用户的理性脑、社交脑、情感脑，也就是对用户诱之以利、动之以情和价值认同。

1. 利益驱动：让分享成为"稳赚不赔"的生意

利益驱动是人性最简单直接的驱动因素，药房送鸡蛋都能引来老年用户排队，在全域营销中诱之以利是同样有效的，策略也相对简单一些，基本都是以"发钱"为主。

案例1：拼多多的"现金游戏化模型"

拼多多"天天领现金"活动设计堪称经典，具体说明如下。

+ 新手福利：新用户打开即得80元现金红包（需满100元提现）。

+ 进度操控：前5次助力每次涨10元，后20次每次涨0.01元。

+ 社交绑定：展示"微信好友提现排行榜"，激发攀比心理。

该活动的裂变系数 K 值达到1.8（即1个用户带来1.8个新客），单日最高带来700万个新客。

案例 2：饿了么的"红包雨经济学"

饿了么在暑期推出"分享得霸王餐"活动，具体说明如下。

✦ 用户下单后获得"红包雨"机会，分享到 3 个群可解锁。

✦ 红包金额随机（最高免单），但群内越多人点击领取红包，红包金额越大。

✦ 设置"战队 PK 榜"，组队抢红包，积分兑换 iPhone。

这种"竞争心理＋团队作战"设计，让活动期间的订单量暴涨 300%。

2. 社交货币：让传播成为"身份象征"

社交货币是相对高级的策略。针对目标人群策划营销事件，设置热点话题，引起用户自发地传播，带来的流量基本都是免费的。

案例 1：支付宝年度账单的"凡尔赛时刻"

支付宝年度账单的传播密码在于以下 3 点。

✦ 用打败"×% 同龄人"的对比制造优越感。

✦ 设计"环保先锋""美食猎人"等个性化标签。

✦ 生成极简主义视觉海报，预留大量留白空间。

2022 年账单发布当天，支付宝新增用户 120 万个，服务器一度被挤爆。

案例2：小米的"发烧友认证体系"

小米社区打造了一套"身份升级系统"，具体说明如下。

+ 发表3篇测评帖，可获"初级发烧友"徽章。
+ 推荐10人购买，可获"产品顾问"头衔。
+ 前100名用户参与MIUI系统内测，名字写入开机动画。

这种"特权＋荣誉"体系，让小米的用户推荐购买占比长期维持在50%以上。

3. 情感共鸣：让转发成为"价值观表达"

情感共鸣在马斯诺需求层次中属于高端需求，是用户自我表达和价值实现的需求。这是一种突破了底层理性的诉求，通常采用的策略是激发人性对真、善、美的永恒追求，或者对某种价值观的深度认同和表达。

案例1：鸿星尔克的"野性捐赠裂变"

2021年鸿星尔克捐款事件中，品牌迅速将流量转化为行动，具体措施如下。

+ 抖音直播间引导观众加入"国货守护者"社群。
+ 发起"每转发一次捐1元"公益活动，最终筹集善款突破8000万元大关。
+ 公开透明地在社群公示善款流向，并创新性地邀请用户参与决策，通过投票方式选定捐赠方向。

这场活动的视频播放量突破 10 亿次，私域沉淀用户数量超过 300 万个。

案例2：白象食品的"无声直播间"

白象食品雇用聋哑人主播打造特色直播间，具体措施如下。

+ 观众每点赞 1 万次，品牌捐赠 10 份方便面给山区儿童。
+ 手语教学"加油"动作，用户模仿拍摄可兑换新品。
+ 展示残疾员工的工作日常，建立"公益工厂"人设。

这种"公益＋用户参与"的创新模式使直播间的转化率飙升 8 倍，客单价也远超行业平均水平，高达 47%。

设计让用户裂变的策略，从本质上讲就是设计用户裂变的驱动机制，通过利益驱动、社交货币和情感共鸣 3 个不同的层级都可以达到较好的效果。在实战中，我们需要结合具体的产品和目标用户进行灵活应用，既可以采用单一策略，也可以进行组合使用。

6.2.3　案例拆解：大礼包扫码领取的裂变玩法

大礼包扫码领取是私域运营中常用的策略，有些商家尝试后发现效果不是很理想，碰到了参与人数不多、裂变效果不好、投入产出不划算等问题。接下来，我们结合元气森林的成功案例和某美妆品牌的失败案例拆解大礼包扫码领取的执行步骤，以及每个步骤的关键要点。

我们先拆解元气森林的成功案例。

第一步，钩子产品场景化植入。

在全家、罗森等便利店的冰柜贴上"扫码领3瓶0元尝鲜装"二维码，特别选择早餐时段（7：00—9：00）和下班高峰时段（17：00—19：00）亮灯提示，精准捕捉口渴且时间紧迫的上班族。

关键要点如下。

✦ 钩子产品的设计要有吸引力。

✦ 呈现的触点要精准。

✦ 呈现的时间要符合目标用户的行为习惯和需求场景。

第二步，分享路径心理减负设计。

用户扫码后，映入眼帘的并非单调的活动页面，而是一个温馨的模拟微信聊天场景，显示着"王姐让我帮你领福利"的亲切话语；系统特别设置了"替TA领取"的功能按钮，一键即可生成一张融入用户微信头像的个性化求助海报；当用户将海报分享至3个微信群后，系统将自动触发一段温馨的感谢动画，屏幕上显示"恭喜你帮王姐节省15元"的喜讯。

关键要点如下。

✦ 人性化的沟通话术，如"王姐让我帮你领福利"。

✦ 裂变动作要简单，最好是一键分发。

✦ 及时反馈，完成裂变工作立刻兑现优惠承诺。

第三步，数据闭环构建。

为了监控活动的效果，要建立数据闭环，便于后期的分析和优化。在元气森林的案例中设置的 4 个数据检视点（见表 6-2），可以通过这几个数据反映各个环节的效果，成为后续优化运营的依据。

表 6-2　数据检视点

环节	转化率	运营手段
扫码激活	89%	便利店店员话术培训
完成分享	63%	实时显示"还差 1 人即可解锁"
线下核销	37%	推送"福袋将在 24 小时后消失"通知
二次复购	52%	赠送"集瓶盖换礼品"卡

通过这些措施，元气森林实现单日新增企业微信用户 50 万个，3 个月内 0 糖系列销售额突破 4 亿元，真正实现了"以小博大"。

接下来，我们结合某美妆品牌的"扫码惨案"分析可以改进的点。

2022 年，该品牌推出"扫码领价值 199 元美妆盒"活动，却因设计失误导致口碑滑坡，活动结果导致 68% 的高退货率，企业微信更是被超过 3000 人拉黑。这个案例深刻揭示了裂变效应的双刃剑特性，它既是美誉的传播器，也是恶评的加速器。该品牌的这次营销活动存在以下几个问题。

+ 利益欺诈：宣称免费领取，实际收取 29 元邮费（成本仅 8 元）。

+ 路径复杂：需关注公众号、添加客服号并分享至 5 个群。

+ 售后缺失：用户投诉产品临期，客服统一回复"活动解释权归品牌所有"。

用户是企业的资产，企业科学地做好用户运营会给企业带来很多好处。用户的裂变是企业永恒的追求，用户裂变效率可以用以下公式测算和分析。

用户裂变效率 = 基础利益 × 社交杠杆 + 情感附加值

• 基础利益：即时反馈的现金或实物奖励（如拼多多的提现）。

• 社交杠杆：利用关系链进行指数级扩散（如瑞幸咖啡的组队玩法）。

• 情感附加值：赋予传播行为社会意义（如鸿星尔克的公益绑定）。

当三大要素同时满足时，就会产生类似微信"红包照片"的病毒式传播。正如美团增长负责人所说："最好的裂变不是让用户分享，而是让他们觉得不得不分享。"这场关于用户社交资产的争夺战，本质是看谁更懂人性底层的渴望——想要获利，更想被看见、被认可、被需要。

6.3 裂变渠道选择：精准选择平台与渠道，发挥最大传播效果

选择合适的传播渠道，就如同为声音找到了最佳载体：在喧嚣的广场，它是一个响亮的喇叭；在静谧的音乐厅，它则化作精致的音响。在全域营销的视野中，一切媒介皆可服务于营销。至于用户运营，要充分考虑目标用户的媒介接触习惯、媒介自身的用户沉淀属性和裂变路径。接下来结合 3 个主流平台，给大家介绍不同平台的特点和裂变策略。

6.3.1 微信生态：熟人关系的"原子弹"

微信生态是用户裂变的第一生态，也被称为熟人关系的"原子弹"。微信是腾讯生态已经能自成体系的子生态，社交属性是微信生态的基因，微信 App 的活跃用户数、用户在线时长数据在全网首屈一指。

微信生态有以下几个特点。

（1）用户基数大

微信的用户日活达到 10 亿以上，除了老人和孩子，几乎每个中国人都有至少一个微信账号。

（2）社交属性强

微信的定位是社交软件，而且是熟人深交软件，平台的算法

也是基于熟人推荐模式。

（3）信息流转顺畅

微信与抖音最大的区别之一就是流量的流转比较顺畅，朋友圈、视频号、视频号直播、商城、订阅号、服务号、企业微信等微信生态产品之间的流量互转是目前各个平台中最顺畅的。

（4）用户价值高

微信的用户画像相对学历水平、收入水平都偏高。

（5）生态产品全

微信的产品功能为全域营销的流量流转、成交、服务、社群运营提供了一个相对完善的产品生态。微信的产品功能模块非常齐全，有基本的点对点人际沟通功能，有订阅号、服务号的图文视频发布和服务功能，有视频号内容发布、直播及社交推荐功能，有微信小程序，还有企业微信。

下面结合 2 个案例拆解微信生态用户运营是如何打好"组合拳"的。

案例 1：瑞幸咖啡的 "LBS+ 社群" 精准爆破模型

瑞幸咖啡在微信生态完成了以下 3 级裂变闭环。

- ✦ 公众号：推送"咖啡灵感日报"，文末嵌入门店专属折扣码。
- ✦ 企业微信：用户扫码入群后触发"智能话术"，根据入群时间推送早餐券或下午茶券。

✦ 小程序：开发"咖啡小游戏"，通关后可生成带地理位置的优
惠海报。

通过这套"组合拳"，优惠券的核销率提升至 68%，相当于
每 10 张优惠券有 7 张被实际使用。

案例 2：拼多多的"微信砍价暗网"

拼多多深挖微信生态的隐秘流量，用了以下 3 项功能。

✦ 公众号矩阵：建立 1000 多个地域号（如"北京省钱攻略"），
内容嵌入砍价链接。

✦ 浮窗功能：用户返回聊天界面时自动弹出"还差 2 人砍成"
提示。

✦ 小程序缓存：即使删除小程序，历史砍价进度仍保留在微信
本地存储。

拼多多的微信端凭借其"无孔不入"的设计，贡献了 63% 的
GMV。

6.3.2　抖音：流量池的涡轮增压器

抖音是内容电商、兴趣电商和直播电商的主阵地，用户数量
大、活跃度高、在线市场直逼微信。经过多年沉淀，抖音的电商
体系也比较完善。很多商家在架构自己的用户运营体系时是无法
绕开抖音平台的。抖音平台具备创造"大爆款"和"流量热点"
的能力。

案例 1：完美日记的"素人改造引擎"

完美日记在抖音发起全民美妆革命，主要有以下 3 个步骤。

✦ 种子启动：邀请 5000 名大学生参与"宿舍变装"挑战，并提供妆容模板供参考。

✦ 流量加持：通过"DOU+"精准推送至 18~24 岁女性群体，点赞量超千个则自动引导关注品牌号。

✦ 闭环设计：视频下方设置"领同款套装"链接，用户点击即可直接跳转至微信小程序购买。

活动累计播放量突破 5 亿次，单品最高销售 37 万件，ROI 达到 1∶8。这表明在抖音平台上的投资回报率相当高，远超行业平均水平。在这个案例中，最终用户还是沉淀到了微信程序，是典型的公域转私域运营思路的体现。

案例 2：鸿星尔克的"野性直播间"

鸿星尔克在抖音打造现象级直播，推动用户快速裂变，其措施如下。

✦ 实时互动：观众点歌，主播即唱，点赞量超过 100 万个解锁限量款 5 折。

✦ 社交裂变：分享直播间可参与"国货抽奖"，邀请 3 人观看必得袜子。

✦ 情感绑定：公示每笔订单捐赠 1 元给公益项目，滚动播放捐赠证书。

单场直播观众超过 3800 万人次，大部分流量来自直播推荐和视频推荐。

6.3.3 小红书：精致生活的放大镜

小红书是典型的兴趣电商平台，以年轻女性用户为主。消费品品牌的用户运营通常都离不开小红书，是推动消费决策的重要环节。而且，小红书笔记在目标用户中的传播范围广，传播效果好。下面结合 2 个案例拆解小红书的打法。

案例 1：蕉内的"真实身材革命"

蕉内颠覆内衣行业"精修图"常态，通过内容共创的方式打开了流量入口。

+ 内容共创：邀请 2000 名素人拍摄"真实身材测评"，要求标注身高体重。
+ 搜索优化：创建"微胖内衣推荐"等长尾关键词。
+ 闭环导流：评论区置顶"试穿体验官"招募链接，跳转微信领取样品。

蕉内通过特定活动将搜索量提升了 300%。在这个案例中，最终的销售闭环还是跳转到了微信。由此可见，这也是一个典型的公域与私域融合的成功案例。

案例 2：钟薛高的"雪糕文学运动"

钟薛高在小红书发起 UGC 创作大赛，走的也是内容路线。

✦ 发起用户拍照配文的活动，用户拍摄雪糕照片配"人生金
句"，如"生活够苦了，总得吃点甜的"。

✦ 设置内容创作激励，点赞超过 500 个的笔友可获得"年度冰
激凌诗人"称号。

✦ 设置成长计划，给用户创造一个黏性成长机制。优秀作品被
印上雪糕包装，创作者享终身 7 折优惠。

活动产出了 2.3 万篇笔记，带动新品上市首日销售额突破
千万元。

各个渠道的特点不同，作战方式也不一样，我们总结了 3 个
主流平台的作战地图，如表 6-3 所示。

表 6-3　不同平台的裂变效率

平台	核心优势	适合品类	爆款案例	人均裂变数
微信	熟人信任链	本地生活	瑞幸咖啡的 LBS 券	5.8 人
抖音	算法流量池	美妆、服饰	鸿星尔克野性直播	3.2 人
小红书	精致内容场	个护、食品	蕉内真实测评	2.1 人

6.4 全生命周期裂变诊断：评估裂变效果，持续优化

用户运营贯穿用户的全生命周期。公域和私域之间没有绝对的界限，都是用户运营的载体和工具。从趋势上看，没有公域的私域是无源之水，没有私域的公域是无本之木。最终，公域与私域必将走向融合，用户裂变会成为商家运营的常态动作。

在全域视角下，随着技术的快速发展，从大数据到算法，再到 AI，都让销售变得更科学、更透明。用户运营也一样，商家可以借助一系列数字化手段不断地迭代优化用户运营的效果，达到降本增效的目的。

6.4.1 裂变效果评估：用数据丈量每一次传播

裂变不是玄学，而是一门精密科学。就像农民收割庄稼要看亩产量，企业评估裂变效果需要建立"传播力—转化力—留存力"三维坐标，用数据给每次活动"拍 X 光片"。具体的裂变效果可以通过以下 3 个维度进行量化，如表 6-4 所示。

表 6-4 核心 KPI 矩阵

评估维度	关键指标	健康阈值	典型案例
传播力	K 因子（平均每人邀请数）	≥ 1.2	拼多多"砍价免费拿"活动存在争议

评估维度	关键指标	健康阈值	典型案例
转化力	ROI（投入产出比）	≥ 2.0	瑞幸咖啡通过精细化私域运营策略，实现了私域用户数量的显著增长
留存力	7 日 /30 日留存率	≥ 25%	美团外卖新客 7 日留存率达到 58%

案例 1：瑞幸咖啡的"数据仪表盘"

瑞幸咖啡搭建了行业领先的裂变监控系统，核心功能有以下 3 个。

✦ 实时预警：当单用户裂变成本大于 8 元或 7 日留存率小于 45% 时，自动触发策略调整。

✦ 归因分析：用"咖啡豆轨迹图"追踪用户从看到广告到复购的全链路。

✦ 动态调优：发现周三下午 3 点为分享高峰期，因此集中推送"工作日续命券"。

得益于先进的裂变营销系统，瑞幸咖啡的裂变成本控制在行业均值的 60%，同时实现了月均交易用户数的显著增长，达到 4840 万个，复购频次高达 4.2 次 / 月。

案例 2：蜜雪冰城的"甜蜜指数"

蜜雪冰城用以下 3 组数据评估"神曲营销"活动效果，提供了有效的数据参考。

✦ 传播指数：B 站二创视频播放量（目标 5000 万次，实际 1.2
　亿次）。

✦ 转化指数：扫码领券核销率（目标 35%，实际 52%）。

✦ 情感指数：UGC 中"快乐""魔性"关键词占比（从 12% 升
　至 47%）。

经过数据三角验证，其夏季新品推广的 ROI 高达 1∶7.3，显
著优于行业平均的 1∶3。

以上 2 个案例都说明了在全域营销中营销管理者要建好效果
评估的机制，根据产品、营销活动、平台特点和 KPI 指标设定相
应的参数，通过实时数据检视裂变效果并及时优化。

6.4.2　持续优化裂变体系：像"升级打怪"一样迭代

裂变策略没有"一招鲜"，需要像 App 版本更新一样持续迭
代。用户到底喜欢什么样的内容？什么样的按钮设计会带来更多
点击？什么样的文案能带来更多转化？通过 AB 测试的赛马机制
就能做出科学的决策。

案例 1：完美日记的"AB 测试革命"

完美日记搭建了美妆行业首个裂变实验室，以下 3 个测试非
常有代表性。

（1）按钮颜色测试，如表 6-5 所示。

表 6-5　按钮颜色测试

颜色	点击率	选择结果
红色	18%	淘汰（像警示标识）
粉色	34%	采用（契合品牌色）

（2）奖励梯度测试，如表 6-6 所示。

表 6-6　奖励梯度测试

方案	转化率	结论
邀 3 人得 15 元	63%	最优（边际效益最高）
邀 5 人得 25 元	41%	用户耐心耗尽

（3）话术优化测试

相比"分享即可获得奖励"，"朋友托我帮你领取"的接受度高出 35%，原因在于其有效减轻了受众的"求助"心理负担。

通过测试可以直接反映用户的选择，不用等大面积投放之后再看效果，避免付出更多的试错成本。

案例 2：抖音的"分享基因密码"

抖音本身拥有强大的数据能力。在抖音平台的用户裂变机制中，通过大数据分析得出了以下 3 条"分享基因密码"。

+ 黄金 3 秒定律：视频前 3 秒出现"戳这里领红包"弹窗，分享率提升 120%。

+ 进度条操控：当红包进度接近 95% 的临界点时，每次助力仅能增加 0.01 元，巧妙利用了人们的损失厌恶心理。

✦ 社交攀比：展示"好友助力排行榜"，前 10 名获得流量加权。

失败案例

某生鲜平台盲目跟风"邀请得现金"活动，却未做基础测试，结果活动的 ROI 仅为 0.3，远低于预期的 1.5，损失超过 500 万元。分析原因，有以下 3 条。

✦ 分享按钮被隐藏在三级页面深处，用户往往需要经过 7 步烦琐操作才能找到。

✦ 提现规则复杂（需累计满 100 元且绑定银行卡）。

✦ 由于缺乏有效的防作弊系统，高达 30% 的流量被"薅羊毛"的人恶意侵占。

一句话总结：在正式投放之前先测试，少走弯路，多赚钱。

6.4.3　数据驱动裂变决策：从人工到智能的跃迁

当数据量足够大时，人工经验会让位于算法决策。就像老中医把脉升级为 CT 扫描，裂变优化正在进入智能时代。智能化的营销决策有哪些具体的应用呢？我们结合案例进行拆解。

1. AI 智能决策助力裂变营销

案例 1：滴滴的"AI 补贴指挥官"

滴滴构建了动态补贴系统，实现"千人千策"，主要体现在以下 3 个环节。

- ✦ 需求预测：通过机器学习预测未来 2 小时各区域的运力缺口（准确率 92%）。
- ✦ 智能定价：当缺口小于 10% 时，推送"分享行程得 5 折券"；当缺口大于 15% 时，触发"裂变加价补贴"，分享可得 8 折券。
- ✦ 实时刹车：监控到某三线城市的 ROI 小于 1.2 时，5 分钟内停止活动。

滴滴通过实施降本战略，成功将旺季获客成本降低了 26%。同时，司机收入和司机激励措施的增加也显著提升了司机的接单率。

案例 2：美团的"反脆弱系统"

美团为防止裂变活动崩溃，建立了以下三级防御体系。

- ✦ 流量熔断：当并发量超过系统承载的 80% 时，自动开启排队机制。
- ✦ 识别"薅羊毛"：用行为轨迹分析（如秒速点击、固定 IP）拦截异常账号。
- ✦ 应急兜底：准备 3 套备用方案，当主活动失效时无缝切换。

在 2023 年"双十一"期间，这套系统有效拦截了大量作弊行为，据估计节省了约 1.2 亿元的营销费用。

2. 裂变进化论：从"人找货"到"人找人"

当用户从信息的被动接受者华丽转身为主动传播者时，商业世界的逻辑版图将迎来一场根本性的变革。这场变革在以下 3 个层面尤为显著。

（1）关系重构：用户成为"品牌合伙人"

用户都成了品牌发展红利的分享者。例如，瑞幸的"咖啡传教士"通过分享券月赚 2000 元；蔚来车主推荐购车返积分，可兑换车辆保养；小红书博主带话题分享商品，直接参与销售分成。

（2）决策升维：从经验主义到数字智能

传统企业依赖"市场部头脑风暴"；新型企业采用"AI 生成 1000 套方案 + 数据择优"，效率更高，效能更好。

（3）风险管控：建立反脆弱机制

拼多多用区块链技术追踪红包流向；抖音通过"人脸 + 声纹"双认证防刷单；美团实时监控每个城市的 ROI 热力图。

3. 品牌行动清单：启动你的裂变引擎

（1）搭建用户成长阶梯

每个商家都需要设计"体验者→参与者→传播者→经营者"进阶路径（参考蔚来车主体系），每个阶段设置明确的权益（如美团"外卖王者"专属客服）。

（2）建设智能决策中台

商家要接入用户行为数据库（如瑞幸的"咖啡地图"），开发自动化 AB 测试工具，提高决策效率。

（3）建立风险防火墙

商家要设置流量熔断机制（如美团"双十一"防护体系），定期进行压力测试（模拟 100 万人同时点击），确保营销活动的安全性。

（4）培养数据驱动文化

商家要培养一支会设计数据、会看数据，并且会用数据的营销管理团队。每天的晨会首先查看前日裂变三率——传播率、转化率、留存率，在日常营销策划中要求每个方案必须附带数据预测模型。

（5）设计用户荣誉体系

商家可以打造可视化社交资产，如支付宝年度账单、Keep 荣耀勋章等，举办线下授勋仪式，如完美日记的"美妆顾问盛典"，给用户一个系统化的成长体系。